# Mit Goethe durch das Jahr 2017

## Auf den Spuren Luthers

Herausgegeben und mit
einem Essay von Jochen Klauß

Artemis & Winkler

Umschlagmotiv
Luther-Statue vor der Marmorkirche, Kopenhagen
Goethe in der Campagna, von Johann Heinrich Wilhelm Tischbein,
Öl auf Leinwand, 1787

Bibliographische Informationen der Deutschen Nationalbibliothek:
Die Deutsche Nationalbibliothek verzeichnet diese Publikation in der
Deutschen Nationalbibliographie; detaillierte bibliographische Daten
sind im Internet über http://dnb.d-nb.de abrufbar.


© Artemis & Winkler 2016
Bibliographisches Institut GmbH,
Mecklenburgische Straße 53, 14197 Berlin
Alle Rechte vorbehalten.
Gestaltung: nxt.digital, Düsseldorf
Druck: Pustet Grafischer Großbetrieb, Gutenbergstraße 8,
93051 Regensburg
ISBN 978-3-411-16050-1 kartoniert
ISBN 978-3-411-16052-5 Kassette
www.artemisundwinkler.de

1. SONNTAG | NEUJAHR
   Das neue Jahr sieht mich freundlich an,
   und ich lasse das alte mit seinem Sonnenschein
   und Wolken ruhig hinter mir.

2. MONTAG
   Nicht Wünschelruten, nicht Alraune –
   Die beste Zauberei liegt in der guten Laune.

3. DIENSTAG
   Es gehen mir wieder viele Lichter auf, aber
   nur die mir das Leben lieb machen.

4. MITTWOCH
   Genieße mäßig Füll und Segen;
   Vernunft sei überall zugegen;
   Wo Leben sich des Lebens freut.

5. DONNERSTAG
   Des Menschen Wert kann niemand erkennen,
   Der nicht selbst Hitze und Kälte litt.

6. FREITAG
   … dem harten Muß bequemt sich Will und
   Grille.
   So sind wir scheinfrei, denn nach manchen
   Jahren
   Nur enger dran, als wir am Anfang waren.

7. SAMSTAG
   So im Kleinen ewig wie im Großen
   Wirkt Natur, wirkt Menschengeist, und beide
   Sind ein Abglanz jenes Urlichts droben,
   Das unsichtbar alle Welt erleuchtet.

## 8. SONNTAG

Ihr laßt nicht nach, ihr bleibt dabei,
Begehret Rat, ich kann ihn geben;
Allein, damit ich ruhig sei,
Versprecht mir, ihm nicht nachzuleben.

## 9. MONTAG

Die Ruhe der Seele ist ein herrliches Ding
und die Freude an sich selbst.

## 10. DIENSTAG

Dann ist einer durchaus verarmt,
Wenn die Scham den Schaden umarmt.

## 11. MITTWOCH

Vor zwei Dingen kann man sich nicht genug
in acht nehmen: beschränkt man sich in seinem
Fache, vor Starrsinn, tritt man heraus, vor
Unzulänglichkeit.

## 12. DONNERSTAG

Wärest du fieberhaft, wärest du krank,
Wüßtest dem Schlafe du herrlichen Dank;
Zeiten, sie werden so fieberhaft sein,
Laden die Götter zum Schlafen dich ein.

## 13. FREITAG

Schwache passen an keinen Ort in der Welt,
Sie müßten denn Spitzbuben sein.

## 14. SAMSTAG

Ein unbegreiflich-holdes Sehnen
Trieb mich, durch Wald und Wiesen hinzugehn,
Und unter tausend heißen Tränen
Fühlt' ich mir eine Welt entstehn.

### 15. SONNTAG
Meine Hauptlehre aber ist vorläufig diese:
Der Vater sorge für sein Haus, der Handwerker
für seine Kunden, der Geistliche für gegenseitige
Liebe, und die Polizei störe die Freude nicht.

### 16. MONTAG
Durch Stolpern kommt man bisweilen weiter,
man muß nur nicht fallen und liegenbleiben.

### 17. DIENSTAG
Der Tag gehört dem Irrtum und dem Fehler,
die Zeitreihe dem Erfolg und dem Gelingen.

### 18. MITTWOCH
Das Sicherste bleibt immer, daß wir alles, was
in und an uns ist, in Tat zu verwandeln suchen;
darüber mögen denn die andern, wie sie wollen
und können, reden und verhandeln.

### 19. DONNERSTAG
Gewohnt, jeden Tag zu tun, was die Umstände
erfordern, was mir meine Einsichten, Fähigkeiten
und Kräfte erlauben, bin ich unbekümmert, wie
lange es dauern mag …

### 20. FREITAG | 204. TODESTAG WIELANDS
Sage mir, mit wem du umgehst, so sage ich
dir, wer du bist; weiß ich, womit du dich
beschäftigst, so weiß ich, was aus dir werden
kann.

### 21. SAMSTAG
Dem Klugen, Weitumsichtigen zeigt fürwahr
sich oft Unmögliches noch als möglich.

## 22. SONNTAG

Güterverlust läßt sich ersetzen; über andere
tröstet die Zeit; nur ein Übel ist unheilbar, wenn
der Mensch sich selbst aufgibt.

## 23. MONTAG

Die Menge schätzt nur den Widerschein
des Verdienstes.

## 24. DIENSTAG

In diesen glorreichen Zeiten, wo die Vernunft
ihr erhabenes Regiment ausbreitet, hat man sich
täglich, von den würdigsten Männern, eine
Infamie oder Absurdität zu gewärtigen.

## 25. MITTWOCH

Es hört doch jeder nur, was er versteht.

## 26. DONNERSTAG

Man umgrenze den Menschen, wie man wolle,
so schaut er doch zuletzt in seiner Zeit umher;
und wie kann er die begreifen, wenn er nicht
einigermaßen weiß, was vorhergegangen ist.

## 27. FREITAG

Es ist so gewiß als wunderbar, daß Wahrheit
und Irrtum aus einer Quelle entstehen;
deswegen man oft dem Irrtum nicht schaden
darf, weil man zugleich der Wahrheit schadet.

## 28. SAMSTAG

Wein, er kann dir nicht behagen,
Dir hat ihn kein Arzt erlaubt;
Wenig nur verdirbt den Magen
Und zuviel erhitzt das Haupt.

29. SONNTAG

Es ist ganz einerlei, ob man das Wahre oder
das Falsche sagt: beidem wird widersprochen.

30. MONTAG

Wo guter Wille, kräftig durch Verstand,
Und Tätigkeit, vielfältige, zur Hand?
Was könnte da zum Unheil sich vereinen,
Zur Finsternis, wo solche Sterne scheinen?

31. DIENSTAG

Der größte Respekt wird allen eingeprägt für
die Zeit, als für die höchste Gabe Gottes und
der Natur und die aufmerksamste Begleiterin
des Daseins.

Ohne Luther und ohne Goethe wäre die deutsche und europäische Geschichte anders verlaufen. Es schien reizvoll, den Jüngeren, den klassischen Dichter, den Vielgereisten zu beobachten, wie er den Spuren des Älteren, des Reformators und Sprachgewaltigen folgt. Goethes Blick auf den Vorausgegangenen will dieser Kalender zeigen, er will Vergleiche anstellen und Parallelen aufmachen. Aus der Zeit Mai/Juni 1813 ist durch den Weimarer Schriftsteller und Almanach-Herausgeber Stephan Schütze überliefert, daß Goethe das Riesenwerk Luthers anstaunte und bewunderte. Merkwürdig sei ihm, Schütze, die Äußerung Goethes erschienen: »Nur das Zarte unterstehe ich mich, hin und wieder besser zu machen.« Der 500. Jahrestag des Thesenanschlags sei Anlaß, das Zarte im Vergleich beider anzudeuten.

## LUTHERS SPRACHE BEI GOETHE

Jeder Goethe-Verehrer und -Freund kennt die Verse des Harfners aus dem Roman »Wilhelm Meister«:

> Wer nie sein Brot mit Tränen aß,
> Wer nie die kummervollen Nächte
> Auf seinem Bette weinend saß,
> Der kennt euch nicht, ihr himmlischen Mächte.

Was wahrscheinlich aber selbst der Goethe-Verehrer heute nur noch selten weiß, ist, daß den Versen Goethes der Psalter Davids in der lutherschen Übersetzung zugrunde liegt:

Martin Luther: Colloquia oder christliche nützliche Tischreden,
Titelseite und Porträt einer Ausgabe von 1581

Du speisest sie mit Tränenbrot und tränkest
sie mit großem Maß von Tränen ...
Ich bin so müde von Seufzern ... und netze
mit meinen Tränen mein Lager.

Schon als Kind war Goethe dieser Wortlaut bekannt
und vertraut, denn seine Sozialisation und intellek-
tuelle Bildung vollzogen sich in engster Vertrautheit
mit Luthers Bibelübersetzung. Deren Sprach- und
Bilderwelt standen dem hochbegabten Frankfurter
Bürgerkind als Fundus eigener schriftlicher Hervor-
bringungen wie selbstverständlich schon in frühen
Jahren zur Verfügung.

Luthertexte waren seit den Zeiten der sich rasant ausbreitenden Buchdruckerkunst in ganz Deutschland unter den Gebildeten verbreitet und die »Grundlage aller Liberalität«, zumindest in den protestantische Landen, so Walther Killy in seinem Aufsatz »Luther-Ruhm und Luther-Kitsch« von 1983. Luthers Sprache hörte man beim Kirchenbesuch, mit ihr wurde Schönschreiben exerziert und das schnelle Auffinden von Bibelsprüchen.

Des Reformators Sprache war derb und bildhaft, weil er »dem Volk aufs Maul geschaut« hatte. Luthers bildhafte Wendungen und Komposita leben noch heute, wenngleich in Zeiten der überhandnehmenden Handy-Unsprache und der weitverbreiteten Anglizismen eine besorgniserregende Verarmung der deutschen Sprache vonstatten geht. Jedes Lexikon der Goethe-Zitate weist aus, wie stark und unübersehbar Luther Pate stand bei dem über 250 Jahre jüngeren Sprachkünstler. Goethe kannte natürlich die Geschichte von Potiphars Frau, die Joseph verführen wollte, er wußte vom dramatischen Ende Goliaths, und er kannte die Geschichte vom blinden Tobit. Schon die Zeitgenossen Luthers verspürten die Wucht dieser Sprache, die nach Meinung vieler bis heute einen Hauptgrund für das allmähliche Werden der deutschen Nationalsprache und der Nation darstellt. Ein Mitlebender des Reformators schrieb in dessen Todesjahr 1546: »Er hat die Biblia also wohl verdeutschet, daß einem, der darinne lieset, sein Herz im Leibe möchte vor Freude springen.« Johann Gottfried Herder meinte, Luther habe »die deutsche Sprache, einen schlafenden Riesen, aufgeweckt

## LUTHERSPRACHLICHE WENDUNGEN

himmelhoch schreiend, mit Blindheit geschlagen,
Fleisch und Blut, das Leben sauer machen, Fleisch-
töpfe Ägyptens, Nächstenliebe, durch die Finger
sehen, Dorn im Auge, ohne Ansehen der Person, im
dunkeln tappen, Schandfleck, sein Herz ausschütten,
sich einen Namen machen, Lückenbüßer, die Haare
stehen zu Berge, Gewissensbisse, Jugendsünden,
grünen und blühen, herzzerreißend, Fallstrick, mit
Zittern und Zagen, der Teufel ist los.

**Johann Gottfried von Herder,**
**Ölgemälde von Johann Friedrich Tischbein, 1796**

und losgebunden«. Goethe zeigte sich überzeugt, daß Luthers Sprache das deutsche Volk mitgeschaffen habe, und Friedrich Nietzsche diktierte später apodiktisch: »Unser letztes Ereignis ist immer noch Luther, unser einziges Buch immer noch die Bibel.« Goethe, Herder, Heine, Hamann, Engels und Thomas Mann sprechen hier mit einer Stimme: Die deutsche Schriftsprache einte die konfessionell zerstrittenen

**Friedrich Nietzsche,**
**Ölgemälde von Rudolf Köselitz, 1901**

Deutschen. Hier im Kalender für 2017 bleiben religiöse Fragen allerdings konsequent ausgeklammert.

Freilich trat das Evangelium in den folgenden Jahrzehnten und Jahrhunderten zurück zugunsten der Person des Reformators selbst: Der Mythos Luther trat hervor. Im Zeitalter der Aufklärung galt er den Protestanten emphatisch als »Lehrer der deutschen Nation«, als der »Reformator des ganzen aufgeklärten Jahrhunderts«. Schillers Verse im Gedicht »Deutsche Größe« bedienten dieses Klischee: »Schwere Ketten drückten alle Völker auf dem Erdenball, / Als der Deutsche sie zerbrach.«

Goethe war da weit nüchterner bei seinem Blick auf Luther: Schon zu Lebzeiten erkannte er die ideologische Deformation und Vereinnahmung. Unbestritten bleibt, daß Goethe von jüngster Kindheit an mit der Luthersprache konfrontiert war, sie in sich aufsog und später für die eigene Dichtung nutzbar machte. In der Gestalt des Bruders Martin im »Götz«-Drama setzte Goethe schon früh seinem Meister ein rühmendes und rührendes Denkmal. In »Dichtung und Wahrheit« betonte er die Nachhaltigkeit gerade der Bibelübersetzung: »denn daß dieser treffliche Mann ein in dem verschiedensten Stile verfaßtes Werk und dessen dichterischen, geschichtlichen, gebietenden, lehrenden Ton uns in der Muttersprache, wie aus einem Guß, überlieferte, hat die Rezeption mehr gefördert, als wenn er die Eigentümlichkeiten des Originals im Einzelnen hätte nachbilden wollen.«

Und noch ein Gedanke: Wer – ob nun Gläubiger oder Atheist – heute, in unserer reizüberfluteten Zeit, eine kirchliche Liturgie erlebt, wird oft nur noch eine vage Ahnung empfinden, welche Macht und Gewalt das lutherische Kirchenlied entfaltete, wenn der Gottesdienstbesucher den deutschen Text mitsang und die Orgel den ganzen Kirchenraum mächtig zum Klingen und Tönen brachte. Goethe mißfiel zwar das ohrenbetäubende Orgelgetön großer Kirchen wie etwa der Peterskirche in Rom – es verbinde sich

Fortsetzung S. 22

1. MITTWOCH
   Beständige Lustigkeit kann dem Fall nicht
   entgehen, daß sie auch manchmal
   in Verzweiflung und Mißmut gerät.

2. DONNERSTAG | MARIÄ LICHTMESS
   Dein Los ist gefallen, verfolge die Weise,
   Der Weg ist begonnen, vollende die Reise:
   Denn Sorgen und Kummer verändern es nicht,
   Sie schleudern dich ewig aus gleichem Gewicht.

3. FREITAG
   Bilder so wie Leidenschaften
   Mögen gern am Liede haften.

4. SAMSTAG
   Und was glaubt man nicht,
   wenn man liebt.

5.  SONNTAG
    Töricht war ich immer,
    daß andre zu lehren ich glaubte;
    Lehre jeden du selbst, Schicksal,
    wie ers bedarf.

6.  MONTAG
    Doch wer keinen Leisten kennt,
    Wird ein Pfuscher bleiben.

7.  DIENSTAG
    Leise müßt ihr das vollbringen,
    Die gelinde Macht ist groß.
    Wurzelfasern, wie sie dringen,
    Sprengen wohl die Felsen los.

8.  MITTWOCH
    Bei großen Unternehmungen wie bei
    großen Gefahren muß der Leichtsinn
    verbannt sein.

9.  DONNERSTAG
    Es ist nichts schrecklicher als ein Lehrer,
    der nicht mehr weiß, als die Schüler
    allenfalls wissen sollen.

10. FREITAG
    Ein Faktum unseres Lebens gilt nicht,
    insofern es wahr ist, sondern insofern
    es etwas zu bedeuten hatte.

11. SAMSTAG
    Leben schafft Leben.

### 12. SONNTAG

Du im Leben nichts verschiebe;
Sei dein Leben Tat um Tat!

### 13. MONTAG

Ins holde Leben wenn dich Götter senden,
Genieße wohlgemut und froh!
Scheint es bedenklich, dich hinaus zu wenden,
Nimm dirs nicht übel: allen scheint es so.

### 14. DIENSTAG

Wer muß Langmut üben?
Der große Tat vorhat.
Bergan steigt,
Fische speist.

### 15. MITTWOCH

Ach Gott! Die Kunst ist lang,
Und kurz ist unser Leben.

### 16. DONNERSTAG

Der Kredit ist eine durch reale Leistungen
erzeugte Idee der Zuverlässigkeit.

### 17. FREITAG

Hat einer Knechtschaft sich erkoren,
Ist gleich die Hälfte des Lebens verloren;
Ergeb' sich, was da will, so denk' er:
Die andere Hälft geht auch zum Henker.

### 18. SAMSTAG

Wir sind nicht klein, wenn Umstände uns
zu schaffen machen, nur wenn sie uns
überwältigen.

### 19. SONNTAG

Niemand kann sich selber kennen,
Sich von seinem Selbst-Ich trennen;
Doch probier er jeden Tag,
Was nach außen endlich, klar,
Was er ist und was er war,
Was er kann und was er mag.

### 20. MONTAG

Denn wird man nur darum älter,
um wieder kindisch zu werden.

### 21. DIENSTAG

Ein schäbiges Kamel trägt immer noch
die Lasten vieler Esel.

### 22. MITTWOCH

Reget sich was, gleich schießt der Jäger,
ihm scheinet die Schöpfung,
Lebendig sie ist,
nur für den Schnappsack gemacht.

### 23. DONNERSTAG

Im Alter Jugendkraft entzünden,
Das schönste Kind dem treusten Freund
    verbinden,
Das ist gewiß nicht schwarze Kunst.

### 24. FREITAG

Man soll sich nicht isolieren, denn man kann
nicht isoliert bleiben …

### 25. SAMSTAG

Wer sich an eine falsche Vorstellung gewöhnt,
dem wird jeder Irrtum willkommen sein.

**26. SONNTAG**

Ein großer Geist irrt sich so gut wie ein kleiner,
jener, weil er keine Schranken kennt, und
dieser, weil er seinen Horizont für die Welt
nimmt.

**27. MONTAG | ROSENMONTAG**

Wie kannst du dich so quälen!
Geh in dich selbst! Entbehrst du drin
Unendlichkeit in Geist und Sinn,
So ist dir nicht zu helfen.

**28. DIENSTAG | FASTNACHT**

Komm her! Wir setzen uns zu Tisch;
Wen möchte solche Narrheit rühren!
Die Welt geht auseinander wie ein fauler Fisch,
Wir wollen sie nicht balsamieren.

»so gar nicht mit der Menschenstimme« und sei »so gewaltig«. In kleinen Dorfkirchen dagegen, wo der Besucher vielleicht innerlich aktiver am Geschehen teilhatte, traf das nicht zu – sofern überhaupt eine Orgel vorhanden war. Lutherwort und lutherisches Kirchenlied standen jedenfalls beherrschend im Kirchenraum. Aus dem bürgerlichen Ambiente und auch aus der Einfachheit der bäuerlichen Milieus war Luther nicht mehr wegzudenken.

## LUTHERS UND GOETHES HERKUNFT

In der Grafschaft Mansfeld, am Südrand des Harzes, in Eisleben, kam Martin Luther am 10. November 1483 zur Welt. Die völlige Zerrüttung des Ländchens spiegelt schon das verfeindete Grafenhaus wider, das sich in eine vorderortische und eine hinterortische Linie aufspaltete, nach den Schloßteilen benannt, in denen die verfeindeten Grafen einander belauerten. Nicht nur in Thüringen war bunter Streubesitz äußeres Anzeichen der deutschen Misere am Ende des 15. Jahrhunderts.

Es war auch die hohe Zeit der Narren, der Narrenfestspiele und Narrenaufzüge, in denen die gesellschaftlichen Defizite aufgedeckt und gegeißelt wurden. In der Literatur gelang Sebastian Brant mit dem »Narrenschiff« sogar ein europaweiter Erfolg. Der Hofnarr Kaiser Maximilians, Kunz von der Rosen, brachte es zum geheimen Reichskanzler hinter dem Thron und zu einem großen Vermögen. Auf einem der Reichstage hatte der Narr alle Blinden der

Martin Luthers Geburtshaus in Eisleben, Radierung, o. J.

Stadt zusammengetrieben, jedem einen Knüttel in die Hand gegeben und ein fettes Schwein auf dem Marktplatz angebunden, das demjenigen gehören sollte, der es erlegen würde. Die ganze Bevölkerung nahm schenkelklatschend an dem groben Scherz Anteil, als die Blinden in wilder Gier losschlugen und sich blutige Köpfe holten. Richard Friedenthal, ein Luther-Biograph, sah in dieser makabren Szene ein Menetekel der Zeit, die nicht lustig war, sondern durch harte Arbeit gekennzeichnet.

Die weitverzweigte Sippe der Luder oder Luther stammte aus Möhra im Thüringer Wald – »freie Bauern« nannte Martin seine Vorväter. Sein Vater war der älteste von vier Söhnen: Groß Hans, Klein

Stammhaus der Familie in Möhra, Lithographie von I. G. Rottmann, o. J.

Hans, Veit und Heinz hießen die jüngeren Brüder – der jüngste erbte den Hof. Hans Luder und seine Frau Margarethe wanderten nach Eisleben aus, wo Sohn Martin geboren wurde. Die Eheleute brachten es auf insgesamt neun Kinder. Der Mutter und dem Vater – Cranachs Porträts sprechen da eine realistische Sprache – ist die sparsame Existenz ins Gesicht geschrieben: Harte Arbeit prägte das Familienleben. Erzogen wurde mit der Rute. Selbst bei Kleinigkeiten wurden die Kinder hart gezüchtigt, was sich in der Lateinschule fortsetzte. Martin waren diese Schläge so verhaßt und in die Erinnerung eingegraben, daß seine eigenen Kinder davon verschont blieben. Der schwere Beruf des Vaters Hans war Bergmann: Er war klein von Wuchs, aber zäh, arbeitete in engem Schacht und bei schlechter Belüftung oft gebückt und war von Wassereinbrüchen und Wettern bedroht. Später, als Martin schon das väterliche Haus verlassen hatte, ging es der Familie etwas besser. Die Quellen aus dem Mansfeldischen berichten, daß der Vater sogar zum Ratsherrn gewählt wurde und Miteigentümer von Berkwerksanteilen war. Der Sohn Martin besuchte acht Jahre lang die Lateinschule, dann folgte ein Jahr in Magdeburg, schließlich die Zeit in Eisenach, wo er die Pfarrschule von St. Georg besuchte und sein Latein perfektionierte. Die Prügelzeit war überstanden. Mit finanzieller Unterstützung des Vaters ließ er sich an der altehrwürdigen Erfurter Universität einschreiben. Martinus Ludher ex Mansfeldt kam Ende April 1501 zu Fuß dort an.

Auch einige goethesche Vorfahren sind im weiteren Harzvorland nachzuweisen. Durch die Ahnenforschung weiß man heute, daß drei deutsche Stämme unter den rund 1000 Vorfahren auszumachen sind: der fränkische, der hessische und der thüringische. Goethes Vaterstamm, der Träger des Geschlechtsnamens, war im nördlichen Thüringen, im Raum zwischen Artern und Sondershausen, Kelbra und Kindelbrück, beheimatet.

Drei Thüringer Hauptwurzeln sind klar zu erkennen: in Artern der Urgroßvater Hans Christian Goethe (1633–1694), Hufschmied, Zunftmeister und Ratsdeputierter. Hans Goethe (gest. 1686), dessen gleichnamiger Vater (gest. um 1630 in Berka) und dessen Großvater Claus Goethe aus Badra waren Ackerbürger.

Der ältere Hans muß ein selbstherrlicher und gewalttätiger Mann gewesen sein, denn in einer Quelle von 1607 wird überliefert, daß er »sein eigener Richter sein wollen und einen Schafknecht mit einer Buchsen durch den Kopf geschossen« habe. Nach einem Gefängnisaufenthalt sei er in seiner Gemeinde aber dennoch wieder zum Heimbürgen, zum Ortsvorsteher, gewählt worden. Weitere Ahnen fanden sich in Thalleben und in Pferdingsleben bei Gotha.

Die dritte Wurzel ist die tiefste und interessanteste, weil sie mit Weimar und namhaften Zeitgenossen verbunden ist. Die Urgroßmutter von Goethes Großmutter Lindheimer, Elisabeth Seip, geb. Schroeter, war die Tochter von Jacob Schroeter, gebürtig aus Weimar und lange Zeit Rechtsgelehrter an der Jenaer Universität. Dessen Vater gleichen Namens wurde um 1529 geboren. Er war dreizehnmal Bürgermeister in Weimar. Er besaß ein Haus am Markt und stiftete einen steinernen Brunnen, der heute noch – als Neptunbrunnen – existiert. Goethe war an dieser Verschönerung beteiligt, die der Bildhauer Gottlieb Martin Klauer in die Tat umsetzte.

Goethes Weimarer Vorfahren lassen sich eindeutig identifizieren: Gregor Brück, Jurist und Ratsherr in Wittenberg, war 1520/21 Kanzler in Weimar, dann erneut in Wittenberg. Er galt als bedeutender Kanzler dreier Kurfürsten im Dienste der Reformation. Dessen Sohn Christian, geboren um 1515 in Wittenberg, studierte dort ab 1532 Jura und dann ab 1542 in Bologna. 1543 heiratete er Barbara, die Tochter

Fortsetzung S. 33

1. MITTWOCH | ASCHERMITTWOCH
   Wer kennt den Schelm in tiefer Nacht genau?
   Schwarz sind die Kühe, so die Katzen grau.

2. DONNERSTAG
   Alle üble Nachrede hat ihren Grund vorzüglich
   im Neide, weshalb denn Leute mit fehlge-
   schlagenen Hoffnungen mehr zum Räsonieren
   aufgelegt sind als Leute, denen es wohl geht.

3. FREITAG
   Der Nachahmer verdoppelt nur das
   Nachgeahmte, ohne etwas hinzuzutun oder uns
   weiterzubringen.

4. SAMSTAG
   Zierlich denken und süß erinnern
   Ist das Leben im tiefsten Erinnern.

5. SONNTAG
Nachgiebigkeit macht immer alle Mühe
und Arbeit halb verloren.

6. MONTAG
Nur wenn ich im müßigen Zustande der Welt
Zur Schau dienen soll, dann ist sie mir
widerwärtig und ängstigt mich.

7. DIENSTAG
Des Unerfahrnen hoher, freier Mut
Verliert sich leicht in Feigheit und Verzweiflung,
Wenn sich die Not ihm gegenüberstellt.

8. MITTWOCH
Solang es Zeit ist, schont man weder Mühe
Noch eines guten Wortes Wiederholung.

9. DONNERSTAG
Es gibt keinen größern Trost für die
Mittelmäßigkeit, als daß das Genie nicht
unsterblich sei.

10. FREITAG
Der Natur ists nicht gewöhnlich,
Doch die Mode bringts hervor.

11. SAMSTAG
Wenn man in Mühe und Arbeit vor sich
hinlebt, denkt man immer, man tue das
Möglichste; und der von weitem zusieht
und befiehlt, glaubt, er verlange nur das
mögliche.

## 12. SONNTAG
Mist tut mehr Wunder als die Heiligen.

## 13. MONTAG
Kein Wunder, daß wir uns alle mehr oder
weniger im Mittelmäßigen gefallen, weil es
uns in Ruhe läßt; es gibt das behagliche Gefühl,
als wenn man mit seinesgleichen umginge.

## 14. DIENSTAG
… es gehört viel Mut dazu, in der Welt nicht
mißmutig zu werden.

## 15. MITTWOCH
Welchen Weg mußte nicht die Menschheit
machen, bis sie dahin gelangte, auch gegen
Schuldige gelind, gegen Verbrecher schonend,
gegen Unmenschliche menschlich zu sein!

## 16. DONNERSTAG
Die Menge schwankt im ungewissen Geist:
Dann strömt sie nach, wohin der Strom sie
reißt.

## 17. FREITAG
Die Dunkelheit gewisser Maximen ist nur relativ;
nicht alles ist dem Hörenden deutlich zu machen,
was dem Ausübenden einleuchtet.

## 18. SAMSTAG
Drum treibts ein jeder, wie er kann.
Ein kleiner Mann ist auch ein Mann.
Der Hoh' stolziert, der Kleine lacht,
So hats ein jeder wohl gemacht.

**19. SONNTAG**

Wers mit der Welt nicht lustig nehmen will,
Der mag nur seinen Bündel schnüren.

**20. MONTAG**

Ich tadl' euch nicht,
Ich lob' euch nicht;
Aber ich spaße.
Dem klugen Wicht
Fährts ins Gesicht
Und in die Nase.

**21. DIENSTAG**

Wir lernen viel und wissen wenig, am
mindesten das Rechte.

**22. MITTWOCH I 185. TODESTAG GOETHES**

Das nackte Leben ist schon in unsern Zeiten
eine Wohltat.

**23. DONNERSTAG**

Mit vielen läßt sich schmausen;
Mit wenig läßt sich hausen;
Daß wenig vieles sei,
Schafft nur die Lust herbei.

**24. FREITAG**

Leidenschaftlichkeit macht zu Mitschuldigen
der Lumpe.

**25. SAMSTAG**

Ich fühle junges, heilges Lebensglück
Neuglühend mir durch Nerv und Ader rinnen.

### 26. SONNTAG
Der Mensch kann nur mit seinesgleichen leben
und auch mit diesen nicht; denn er kann auf die
Länge nicht leiden, daß ihm jemand gleich sei.

### 27. MONTAG
Man hält einen Aal am Schwanze fester als
einen Lacher mit Gründen.

### 28. DIENSTAG
Wer uns am strengsten kritisiert?
Ein Dilettant, der sich resigniert.

### 29. MITTWOCH
Daß Menschen dasjenige noch zu können
glauben, was sie gekonnt haben, ist natürlich
genug; daß andere zu vermögen glauben, was
sie nie vermochten, ist wohl seltsam,
aber nicht selten.

### 30. DONNERSTAG
Mit Kleinen tut man kleine Taten,
Mit Großen wird der Kleine groß.

### 31. FREITAG
Verständige Leute kannst du irren sehn,
In Sachen nämlich, die sie nicht verstehn.

Der Neptunbrunnen in Weimar, Foto, o. J.

Das Cranachhaus in Weimar, Druck, o. J.

Lucas Cranachs. Im gleichen Jahr promovierte er zum Dr. jur. und wurde zum Kurfürstlichen Rat berufen. 1548 erwarb er die Rechte eines Weimarer Bürgers und baute gemeinsam mit dem fürstlich-sächsischen Sekretar Anton Pestel ein Doppelhaus am Weimarer Markt, das heutige Cranachhaus, in dem sein Schwiegervater dann das letzte Jahr seines Lebens verbrachte. 1550 wurde er Hofrat, 1556 Kanzler des Herzogs Johann Friedrich (II.) des Mittleren. 1556 ernannte ihn sein Fürst zum Geheimen Rat. Christian Brücks Schwester Barbara heiratete 1541 Lucas Cranach d. J., wodurch die Familien Brück und Cranach doppelt versippt waren. Brück und Cranach d. Ä. wurden sodann Vorfahren Goethes, denn 1568 heiratete Brücks Tochter Barbara Jacob Schroeter, deren Sohn Jacob damit zum Urururururgroßvater Goethes mütterlicherseits wurde.

Wilhelm von Grumbach, kolorierter Holzschnitt, o.J.

Christian Brück beteiligte sich unglücklicherweise an allen Maßnahmen und unrealistischen Wünschen seines Herren zur Wiedererlangung der 1547 verlorengegangenen Kurwürde, wozu er sich auch der fragwürdigen Dienste des Landfriedensbrechers und Reichsritters Wilhelm von Grumbach bediente, über den der Kaiser 1563 die Reichsacht verhängte. Gothas Schloß Grimmenstein, der Flucht- und Aufenthaltsort des Wegelagerers, wurde deshalb vom Kaiser erobert. Auf kaiserlichen Befehl wurden Grumbach und Brück auf dem Gothaer Marktplatz lebendig geviertelt. Eine zeitgenössische Quelle berichtet: »Die 8 Viertel werden auf einen Schinder-Karren geworfen und vor die Thore geführt, alldar Vor den Thoren an 8 Seulen die Viertel aufgehanget.« Goethe waren diese Ereignisse und Personen bekannt, nicht aber die Tatsache der Verwandtschaft mit den Familien Brück und Cranach, die wiederum mit dem Reformator Martin Luther freundschaftlichen Verkehr pflegten.

## ERFURT: STUDIENORT LUTHERS – BEGINN DER POLITISCHEN LAUFBAHN GOETHES

Luther studierte vier Jahre – von 1501 bis 1505 – an der Universität Erfurt. Fleißig die Examen ansteuernd, wurde er schon nach einem Jahr Bakkalaureus, nach weiteren zwei Magister Artium. Der stolze Vater sprach seinen erfolgreichen Sohn fortan nur noch mit »Sie« an und unterstützte großzügig das Studium.

**Dom und Severikirche in Erfurt, aquarellierte Federzeichnung von Konrad Westermayr, 1793**

Erfurt war zu dieser Zeit eine der bedeutendsten deutschen Universitätsstädte. Sie lag in der Mitte Deutschlands, am Schnittpunkt bedeutender Handelsstraßen. Nicht nur der Stapelplatz ließ die Stadt reich werden: Erfurt besaß fast ein Monopol auf die Erzeugung von Färberblau, das aus Waid gewonnen wurde und im farbenreichen Mittelalter reißenden Absatz fand. Die Erfurter Bürger waren stolz, kriegerisch und reich. Doch vergeblich wehrten sie sich unentwegt gegen die Oberherrschaft der Mainzer Erzbischöfe im weit entfernten Rheingau. Bis heute ist das Mainzer Rad im Stadtwappen zu finden – den Status einer freien Reichsstadt erreichten sie nie. Dabei war Erfurt eine der bevölkerungsreichsten Städte Deutschlands nach Köln, Nürnberg und Magdeburg – ca. 20.000 Einwohner waren es um das Jahr 1500. Zum Vergleich: Rom hatte ungefähr die doppelte Anzahl. Bereits 1331 erteilte Kaiser Ludwig IV. das Messeprivileg.

Die Erfurter Universität, 1392 gegründet, war eine der ältesten und zugleich modernsten des Reichs, der Humanismus fand in der Stadt an der Gera eine mächtige Stütze. Das Studentenleben unterlag strengen Regeln, denen sich auch Luther brav unterordnete. Jeder Studiosus lebte in einer klosterähnlichen Burse. Essen, Gebet, Ein- und Ausgang in dieser Studentenklause waren exakt geregelt und wurden streng überwacht. Luthers Wohngemeinschaft trug den schönen Namen »Biertasche«. Auch durch die gemeinsame Kleidung waren die Studenten im Stadtbild erkenntlich. Zudem war jeder mit einem Kurzschwert oder Degen bewaffnet – und nicht nur zur Drohung. Ein Freund Luthers, dessen Name nicht bekannt ist, kam bei einer solchen Messerattacke zu Tode.

Unter den akademischen Lehrern fanden sich berühmte Namen: Der schöne und trinkfeste Eobanus Hessus, Haupt der Humanisten, brillierte durch seine Rhetorik – wenn er nüchtern war, »ehe denn er getrank«. Crotus Rubianus verfaßte – bei größter Geheimhaltung – die aufregenden »Dunkelmännerbriefe«, und in Gotha saß der geheimnisvolle Kanonikus Mutian, ebenfalls Humanist. Dr. Faust soll in diesen Jahren ein Gastspiel in Erfurt gegeben haben, was zu heftigen Streitereien führte. Mutian tat ihn als Chiromantiker, Prahlhans und Narren ab, Melanchthon nannte ihn ein »Scheißhaus vieler Teufel«. Luther stand dem Humanismus eher fern.

Erfurt hatte in dieser Zeit über 90 Kirchen und Kapellen sowie 36 Klosteranlagen, die letztlich am Reichtum der Stadt teilhatten und den unterschiedlichsten Lebensentwürfen folgten. Die vielen Mönche, von denen nicht wenige bettelten, führten ein eher ungebundenes Leben. Neben den gutdotierten Stiftsstellen gab es vor allem ein geistliches Proletariat, das bei den Bürgern nicht gut angesehen war. Pfaffen waren nicht nur der Zielpunkt des Spotts der Humanisten, sie wurden im Alltag zuweilen auch physisch bedroht. Die Gesellschaft war nicht nur bunt und unübersichtlich, sie war auch morsch und unmoralisch geworden. Das empfand der zukünftige Mönch als persönliche Bedrückung. Gewissensbisse und Schuldgefühle peinigten ihn.

Während eines Fußmarsches von zu Hause nach Erfurt soll Martin Luther in der Nähe des Dorfes Stotternheim, wenige Kilometer nördlich von Erfurt, in offener Landschaft am 2. Juli 1505 in ein heftiges Sommergewitter geraten sein. Als ein Blitz unmittelbar neben ihm einschlug, habe er in höchster Angst ausgerufen: »Hilf du, heilige Anna, ich will ein Mönch werden!« Vierzehn Tage später trat er als Mönch dem Augustinereremitenorden bei.

Freilich war dies kein »blitzartiger«, kein spontaner Entschluß, sondern lange erwogen. Luthers Vater tobte, aber der Sohn hielt an seinem Gelübde fest. Am Schmutz der Zeit sei er erkrankt, und nicht »des Bauches halber« – so rechtfertigte er sich ge-

Lutherstein bei Stotternheim, Silbermedaille von Helmut König, Zella-Mehlis, 2016

genüber dem Vater – sei er Mönch geworden. Seine Depressionen waren Ausdruck des Zeitgeistes, und dem könne er nur in der Einsamkeit und Stille eines klösterlichen Lebens begegnen.

Luther blieb im Erfurter Schwarzen Kloster bis zu seinem 25. Lebensjahr. Er war, gefördert von den Oberen des Klosters, schnell aufgestiegen in der Hierarchie der Augustiner. Nun erhielt er den Befehl, nach Wittenberg zu gehen und dort als Dozent für

Fortsetzung S. 47

Martin Luther, Ölgemälde von Lucas Cranach d. Ä.,
aus dem Doppelgemälde mit Katharina von Bora, 1529

1. SAMSTAG

Man verändert fremde Reden beim
Wiederholen wohl nur darum so sehr,
weil man sie nicht verstanden hat.

2. SONNTAG

Der Achse wird mancher Stoß versetzt,
Sie rührt sich nicht – und bricht zuletzt.

3. MONTAG

Älter werden heißt selbst ein neues Geschäft
antreten; alle Verhältnisse verändern sich, und
man muß entweder zu handeln ganz aufhören
oder mit Willen und Bewußtsein das neue
Rollenfach übernehmen.

4. DIENSTAG

Alles, was wir treiben und tun, ist ein Abmüden;
wohl dem, der nicht müde wird.

5. MITTWOCH

Der Mensch aber kann nicht ruhen, er will
immer noch was anders.

6. DONNERSTAG

Alles, was auf uns wirkt, ist nur Anregung, und,
Gott sei Dank, wenn sich nur etwas regt und
klingt.

7. FREITAG

Findet man mich aber freudig bei der Arbeit,
unermüdet in meiner Pflicht, dann kann ich
die Blicke eines jeden aushalten, weil ich
die göttlichen nicht zu scheuen brauche.

8. SAMSTAG

Welch ein Unterschied ist nicht zwischen einem
Menschen, der sich von innen aus auferbauen,
und einem, der auf die Welt wirken und sie
zum Hausgebrauch belehren will!

9. SONNTAG
Doch der den Augenblick ergreift,
Das ist der rechte Mann.

10. MONTAG | 210. TODESTAG ANNA AMALIAS
Der Bach ist dem Müller befreundet, dem er
nützt, und er stürzt gern über die Räder; was
hilft es ihm, gleichgültig durchs Tal
hinzuschleichen.

11. DIENSTAG
Denn der Mensch, der zur schwankenden Zeit
auch schwankend gesinnt ist,
Der vermehret das Übel und breitet es
weiter und weiter;
Aber wer fest auf dem Sinne beharrt,
der bildet die Welt sich.

12. MITTWOCH
Die Welt ist größer und kleiner, als man denkt.
Wer sich bewegt, berührt die Welt, und wer
ruht, den berührt sie …

13. DONNERSTAG | GRÜNDONNERSTAG
Freilich wenn das Frühjahr eintritt, Märzen-
glöckchen und Krokus hervorbrechen, so
begreift man kaum, wie man in dem Schnee-
und Eiskerker fortexistieren konnte.

14. FREITAG | KARFREITAG
Bescheidenheit ist sein beschieden Teil.

15. SAMSTAG | KARSAMSTAG
Nichts ist auf der Welt ohne Beschwerlichkeit.

16. SONNTAG | OSTERSONNTAG
Ein edler Mensch zieht edle Menschen an
Und weiß sie festzuhalten.

17. MONTAG | OSTERMONTAG
Aber eins bringt niemand mit auf die Welt,
und doch ist es das, worauf alles ankommt,
damit der Mensch nach allen Seiten zu ein
Mensch sei … – Ehrfurcht!

18. DIENSTAG
Im Durchschnitt sind daher die Menschen am
glücklichsten, die ein angeborenes, ein
Familientalent im häuslichen Kreise
auszubilden Gelegenheit finden.

19. MITTWOCH
Ich habe immer gesehen, daß unsere
Grundsätze nur ein Supplement zu unsern
Existenzen sind.

20. DONNERSTAG
Es ist seit Jahrhunderten so viel Gutes in
der Welt, daß man sich billig nicht wundern
sollte, wenn es wirkt und wieder Gutes
hervorruft.

21. FREITAG
Ich hör es gern, wenn auch die Jugend plappert;
Das Neue klingt, das Alte klappert.

22. SAMSTAG
Wenn ich weiß, was eine Sache kostet,
so schmeckt mir kein Bissen.

### 23. SONNTAG

Efeu und ein zärtlich Gemüt
Heftet sich an und grünt und blüht.
Kann es weder Stamm noch Mauer finden,
Es muß verdorren, es muß verschwinden.

### 24. MONTAG

... nicht allein von Feinden, sondern auch
von Freunden muß, was man wünscht,
erstürmt werden.

### 25. DIENSTAG

Wer lebenslang dir wohlgetan,
Verletzung rechne dem nicht an.

### 26. MITTWOCH

Mit wenig Witz und viel Behagen
Dreht jeder sich im engen Zirkeltanz,
Wie junge Katzen mit dem Schwanz.

### 27. DONNERSTAG

Ach, was ich weiß, kann jeder wissen –
Mein Herz hab ich allein.

### 28. FREITAG

Die Wirklichkeit hat nur eine Gestalt,
die Hoffnung ist vielgestaltet.

### 29. SAMSTAG

Mit Widerlegen, Bedingen, Begrimmen
Bemüht und brüstet mancher sich;
Ich kann daraus nichts weiter gewinnen,
Als daß er anders denkt wie ich.

30. SONNTAG

Nur solch ein Wesen kann ich preisen,
Das froh und lebenslustig quillt.

Moralphilosophie zu lehren. Aus dem reichen und quirligen Erfurt mit seiner ehrwürdigen Universität kam Luther nun in das dörflich-arme und vergleichsweise winzige Wittenberg. Die einer Wüste ähnliche Gegend galt als trist, die Bevölkerung als unfreundlich, die gerade gegründete Universität als finanziell kraftlos.

Mit Erfurt ging die Geschichte in den Jahrhunderten nach Luthers Aufenthalt nicht eben gnädig um. Zur Zeit der Bauernkriege erfasste Aufruhr die Stadtbevölkerung: Mord und Totschlag herrschten in den Straßen, es wurde gehängt und geviertelt. Das Hauptgebäude der Universität fiel den Unruhen zum Opfer, die Bibliothek brannte nieder. Zwar unterzeichnete der Stadtrat 1577 die lutherische Konkordienformel, doch kam es in den folgenden Jahren immer wieder zu Auseinandersetzungen zwischen der überwiegend protestantischen Bevölkerung und dem katholischen Erzbischof in Mainz.

1618, zu Beginn des Dreißigjährigen Kriegs, wurde vertraglich fixiert, daß Mainz die Oberherrschaft über die Stadt ausüben sollte. Von 1632 bis 1635 und von 1637 bis 1650 blieb Erfurt aber von protestantischen schwedischen Truppen besetzt. Auch der Westfälische Friede 1648 brachte der überwiegend protestantischen Bevölkerung Erfurts keine Ruhe. 1664 eroberten französische und Reichsexekutionstruppen des Mainzer Kurfürsten und Erzbischofs Johann Philipp von Schönborn die schwer geprüfte Stadt. Damit begann die kurmainzische Herrschaft in Erfurt, die erst 1802 von Preußen abgelöst wurde. Ab 1806 war die thüringische Stadt Domäne

Weimarer Park, kolorierte Radierung von Georg Melchior Kraus, 1788

réservé à l'empereur (persönliches Besitztum des Kaisers Napoleon) und fiel 1815 auf Beschluß des Wiener Kongresses dann endgültig an Preußen.

Weitere Katastrophen spielten sich analog ab: 1682 und 1683 erlebte die Stadt ihre schlimmsten Pestjahre: Allein 1683 erlag die Hälfte der Bevölkerung der tödlichen Krankheit. Erfurts Bedeutung war unwiderruflich dahin. Die Universität, Luthers Universität, verfiel und wurde 1815 geschlossen. Der einst wichtige Farbstoff Waid, sprudelnde Quelle des Erfurter Reichtums, versiegte; der im Mittelalter mächtige Handelsstandort verlor seine Bedeutung und wurde vom sächsischen Leipzig überflügelt.

Johann Wolfgang Goethe, Selbstporträt, schwarze Kreide, 1777

In Leipzig sollte Goethe später studieren. Erfurt, die Nachbarstadt der Residenz Weimar, war dem jungen Dichter auch schnell wohlvertraut. Seit Ende 1775 hatte er viele Male – allein oder in der Begleitung von Herzog Carl August und anderen – in amtlichen, politischen oder gesellschaftlichen Angelegenheiten den Ritt in die drei Meilen (ca. 20 km) von Weimar entfernt gelegene kurmainzische Stadt unternommen. In Erfurt betrat er, der noch Unerfahrene, der Günstling seines Fürsten, erstmals politisches Parkett, was er am Jahresende 1775 gegenüber dem Freund Lavater noch ganz euphorisch in die Worte goß: »Ich lerne täglich mehr steuern auf der Woge der Menschheit. Bin tief in der See.«

Die »See«: Das waren zunächst die kurmainzischen Beamten, das waren wenig später die Beamten des in Erfurt gelegenen weimarischen Obergeleits, die der für den Weimarer Wegebau Zuständige aufsuchen mußte, das waren weiterhin die Mitarbeiter der Erfurter Bühne, wo die Weimarer gastierten, und schließlich die Professoren der Erfurter Universität, der alten traditionsreichen Akademie, an die auch Wieland, der spätere Prinzenerzieher in Weimar, berufen worden war.

Vor allem mit dem kurmainzischen Statthalter, dem Freiherrn Karl Theodor von Dalberg, trat Goethe in Kontakt, einem künstlerisch, literarisch und naturwissenschaftlich interessierten aufgeklärten Weltmann und Politiker, der in den Weimarer Kreisen verkehrte und als Förderer und Mäzen der dortigen Schöngeister galt. Herders Berufung nach Weimar z. B. fand Dalbergs tatkräftige Unterstützung. Befanden sich Goethe und Carl August in Erfurt, kamen die Begegnungen mit Dalberg meist in der Statthalterei zustande, jenem prächtigen und repräsentativen Bau, der jetzt – restauriert und in altem Glanz erstrahlend – die Thüringer Staatskanzlei beherbergt.

Ein Zeitgenosse hat einen solchen Auftritt der offiziellen Gäste aus Weimar mit viel Ironie überliefert: Carl August sei mit riesigen Reiterstiefeln steif und prätentiös durch die Reihen gestelzt, neben ihm Goethe im zimtbraunen Bratenkleid, chapeau bas, den Degen an der Seite, Komplimente austeilend wie ein eingefleischter Höfling. Das Erziehungswerk der Charlotte von Stein hatte bereits Früchte getragen.

Karl Theodor Anton Maria Freiherr von Dalberg,
Ölgemälde von F. Th. Berg, nach Robert Lefèvre, 1812

Die Weimarer Besucher wohnten meist im unweit
gelegenen Renaissance-Geleitshaus »Zum güldenen
Stern«. Auch das Haus Dacheröden, wo Wilhelm von
Humboldt als Schwiegersohn verkehrte, betrat Goethe öfter.

Was für Luther der Blitzeinschlag bei Stotternheim war, ein einschneidendes Ereignis, waren für

Fortsetzung S. 58

Napoleon Bonaparte, Statuette von August Karl Eduard Kiss
oder Wilhelm August Stilarsky, um 1820/27

1. MONTAG | MAIFEIERTAG
   Und wer nicht richtet, sondern fleißig ist,
   Wie ich bin und wie du bist,
   Den belohnt auch die Arbeit mit Genuß;
   Nichts wird auf der Welt ihm Überdruß.

2. DIENSTAG
   Wie wundersam, wenn des Menschen ganzes
   schweres Glück an so einem einzigen Faden
   hängt.

3. MITTWOCH
   Ich verlange nicht, daß alles Genuß sei,
   ich suche nur alles zu nützen, und das gerät
   mir.

4. DONNERSTAG
   Man greife nun nach Mädchen, Kronen, Gold,
   Dem Greifenden ist meist Fortuna hold.

5. FREITAG
   Gutes tu rein aus des Guten Liebe!
   Das überliefre deinem Blut;
   Und wenn's den Kindern nicht verbliebe,
   Den Enkeln kommt es doch zugut.

6. SAMSTAG
   Eines recht wissen und ausüben gibt
   höhere Bildung als Halbheit im
   Hundertfältigen.

7. SONNTAG
Frauenzimmerliche Handarbeiten, in Gesellschaft
unternommen und scheinbar gleichgültig
fortgesetzt, erhalten durch Klugheit und Anmut
oft eine wichtige Bedeutung.

8. MONTAG
Es kommt mir nichts so teuer vor, als das,
wofür ich mich selbst hingeben muß.

9. DIENSTAG | 212. TODESTAG SCHILLERS
Ein Ding mag noch so wenig taugen,
Es kömmt der Augenblick und man kann
alles brauchen.

10. MITTWOCH
Toleranz sollte eigentlich nur eine
vorübergehende Gesinnung sein: …
Dulden heißt beleidigen.

11. DONNERSTAG
Wenige Menschen sind fähig, überzeugt
zu werden; überreden lassen sich
die meisten …

12. FREITAG
Niemand begreift aber, was mir die
Stunden in einer Folge wert sind, da ich
die unterbrochenen für völlig verloren
nicht allein, sondern für schädlich und
zerstörend achten muß.

13. SAMSTAG
Den Reichtum muß der Neid beteuern,
Denn er kriecht nie in leere Scheuern.

### 14. SONNTAG

Ich bin mehr als jemals überzeugt, daß
man durch den Begriff der Stetigkeit den
organischen Naturen trefflich beikommen
kann.

### 15. MONTAG

Wenn wir nur etwas, das uns Sorge macht,
aus unserer Gegenwart verbannen können,
da glauben wir schon, nun sei es abgetan.

### 16. DIENSTAG

Der Mensch sehnt sich ewig nach dem,
was er nicht ist.

### 17. MITTWOCH

Die größten Menschen hängen immer
mit ihrem Jahrhundert durch eine
Schwachheit zusammen.

### 18. DONNERSTAG

Der Alte schlummert wie das Kind,
Und wie wir eben Menschen sind,
Wir schlafen sämtlich auf Vulkanen.

### 19. FREITAG

Wie glücklich ist der über alles, der, um
sich mit dem Schicksal in Einklang zu
setzen, nicht sein ganzes vorhergehendes
Leben wegzuwerfen braucht!

### 20. SAMSTAG

Man läßt alles in der Welt gehen, bis es
schädlich wird; dann zürnt man und schlägt
drein.

## 21. SONNTAG

Könnt' ich vor mir selber fliehn!
Das Maß ist voll.
Ach! Warum streb ich immer dahin,
Wohin ich nicht soll!

## 22. MONTAG

Nehmt nur mein Leben hin in Bausch
Und Bogen, wie ich's führe;
Andre verschlafen ihren Rausch,
Meiner steht auf dem Papiere.

## 23. DIENSTAG

Der beste Rat ist: folge gutem Rat,
Und laß das Alter dir ehrwürdig sein.

## 24. MITTWOCH

Jeder prüfe sich, und er wird finden,
daß dies viel schwerer sei, als man
denken möchte …

## 25. DONNERSTAG | CHRISTI HIMMELFAHRT

Prophete rechts, Prophete links,
Das Weltkind in der Mitten.

## 26. FREITAG

Schädlicher als Beispiele sind dem
Genius Prinzipien.

## 27. SAMSTAG

Zu wandeln und auf seinen Weg zu sehen,
Ist eines Menschen erste, nächste Pflicht:
Denn selten schätzt er recht, was er getan.
Und was er tut, weiß er fast nie zu schätzen.

28. SONNTAG

Ich sitze jetzt im Rohre und kann vor
Pfeifenschneiden nicht zum Pfeifen
kommen.

29. MONTAG

Was nicht originell ist, daran ist nichts gelegen,
und was originell ist, trägt immer die
Gebrechen des Individuums an sich.

30. DIENSTAG

Wie man nach Norden weiterkommt,
Da nehmen Ruß und Hexen zu.

31. MITTWOCH

Greift nur hinein ins volle Menschenleben!
Ein jeder lebts, nicht vielen ists bekannt,
Und wo ihrs packt, da ists interessant.

Goethe die Begegnung und das Gespräch mit Kaiser Napoleon in der Statthalterei. Im Umfeld des Erfurter Fürstenkongresses 1808 hatte Goethe im Gefolge seines Herzogs an den Feierlichkeiten teilgenommen. Im »Kaisersaal«, heute Futterstraße 16, gastierte das »Théâtre français« mit seinem berühmten Darsteller Talma. Hier wurde Napoleon auf Goethe aufmerksam gemacht, woraufhin er den Dichter und Minister am 1. Oktober zur Audienz aufforderte. »Vous êtes un homme« waren seine berühmten Worte zu Beginn des etwa einstündigen Gesprächs, das Goethe viele Jahre später aufschrieb und überlieferte. Als hohe Ehrung erhielt er das Ritterkreuz der Französischen Ehrenlegion.

Zweifellos war die Stadt sowohl für den jungen Martin Luther als auch für den jungen Goethe impulsgebend und persönlichkeitsprägend. Beide mussten sich gegen ihre tobenden Väter durchsetzen, beide waren in dieser Zeit etwa 25 Jahre alt und im Begriff, die Welt zu entdecken.

## ROM: LUTHERS PILGERFAHRT UND GOETHES KÜNSTLERREISE

1510 erhielt Luther den Befehl seines Ordens, nach Rom zu reisen. Im trüben November trat er – wie vorgeschrieben – in Begleitung eines zweiten Mönchs des Erfurter Augustinerklosters die Reise zu Fuß an, eine beträchtliche Strapaze, zugleich Erfüllung des Wunschtraumes eines jeden Christen und besonders eines Klosterbruders. 20.000 Kilometer soll Luther im Laufe seines Lebens gereist sein, fast ausschließlich zu Fuß. Die Alpen waren noch kein touristisches Erlebnis, sondern eine angst- und gefahrvolle Passage durch düstere Felsschluchten und über drohende, schneebedeckte Gipfel. Kein Mensch kam auf die Idee, um des Erlebnisses willen einen der Berge besteigen zu wollen.

Über den Septimerpass ging der Marsch nach Mailand. Unterwegs in der Schweiz registrierte der deutsche Bettelmönch den stämmigen Körperbau der Einheimischen, die sich hauptsächlich der Wiesen- und Weidewirtschaft widmeten oder sich als Söldner in ganz Europa verdingten. Auch die Päpste bedienten sich jahrhundertelang bei ihrer Leibwache dieser kampferprobten Männer. Luther bewunderte die lombardische Ebene, den Reichtum des Landes, die Fruchtbarkeit der Erde. Um Unterkünfte brauchten sich die beiden Mönche nicht zu sorgen: Sie zogen von Augustinerkloster zu Augustinerkloster.

Übernachtungen im Freien waren dennoch nicht gänzlich zu vermeiden. Regen und Schnee nahmen zu. In Florenz erkrankte Luther, wohl an Darmverstimmung, über die damals viele Italienreisende klagten. Im vorbildlich organisierten und sauberen Hospital lernte er erstmals in seinem Leben saubere weiße Betten aus Stoff und hygienisch einwandfreie Trinkgefäße kennen. Das kannte der »Barbar« aus dem Norden bislang nicht.

Etwa gegen Ende des Jahres erreichten die beiden Reisenden Rom und zogen – wie später auch Goethe – durch die Porta del Popolo in die Ewige

Die sieben Pilgerkirchen in Rom, Antoine Lafréry,
aus: Speculum romanae magnificentiae, 1575

Stadt ein. Es war das mittelalterliche Rom, das Luther sah. Die vielen Kunstschätze und wehrhaften
Paläste waren dem deutschen Mönchlein kaum
zugänglich, die später die Silhouette der barocken
Stadt dominierende Kuppel von St. Peter gab es
noch nicht. Mit Sonderablässen suchten die Päpste
ihre prestigeträchtigste Großbaustelle zu finanzieren.
Wehrtürme und hohe Mauern schützten die großen
Häuser der Kardinäle, die wuchtige und schier uneinnehmbar scheinende Engelsburg diente den Päpsten als Festung und Zufluchtsort. Die immer noch
mächtigen Ruinen des Altertums ragten aus den

gigantischen Schuttbergen heraus und dienten als Abbruchorte, an denen man benötigtes Baumaterial gewinnen konnte für die späteren Renaissance- und Barockbauten. Die ehemalige Millionenstadt beherbergte nun nur noch 50.000 Einwohner in teils engen Gassen, kaum mehr als Nürnberg oder Augsburg. Papst Julius II. und seine Nachfolger griffen hier tatkräftig ein, um das Stadtbild zu verändern.

So erlebte Luther Rom als Riesenbaustelle inmitten meterhoher Schuttberge. Er pilgerte als Bettelmönch die vorgeschriebenen Stationen entlang, was durchaus gefährlich war wegen der zahlreichen Beutelschneider, Flußpiraten und Straßenräuber. Man begann die sieben Orte umfassende Pilgertour mit S. Paolo und wanderte von dort zunächst nach S. Sebastiano an der Via Appia, dann zum Lateran, zu S. Croce, S. Lorenzo, S. Maria Maggiore und zuletzt zur Peterskirche. Das war eine Tagesreise, die man nüchtern bewältigen mußte, um in St. Peter das heilige Abendmahl empfangen zu können. Luthers späterer Satz, das Gewühl sei so groß gewesen, daß er im Gedränge einen Hering verspeist habe, ist daher nichts als ein Spottwort.

In der Sixtinischen Kapelle stand noch das Holzgerüst, auf dem Michelangelo lag und malte. Die noch unfertigen Stanzen des Vatikans waren der Öffentlichkeit nicht zugänglich – Luther sah davon nichts. Freilich registrierte er bei den antiken Bauwerken die halbe, mit Ziegelsteinen verschandelte Ruine des Pantheons, und auch die Katakomben besuchte er wegen der vielen hier begrabenen Heiligen und Märtyrer.

**Bronzemedaille auf Papst Julius II.**
**von Cristoforo Caradosso Foppa, 1506**

Insgesamt blieb er nur vier Wochen. Er und sein Mitbruder erledigten als Delegierte des Klosters die Ordensmissionen, Luther erhielt die Gelegenheit, eine Messe zu feiern, was dem Geistlichen wichtig war. Er kam nicht als Tourist oder Kunstliebhaber, sondern als Pilger, der die Absolution der Generalbeichte suchte. So wird er viel Zeit beim Gebet in seinem römischen Hauskloster verbracht haben. Papst Julius II. bekam er nicht zu Gesicht – der weilte auf einem seiner zahlreiche Kriegszüge.

Das moralisch verkommene Papsttum, den Nepotismus, den Ämterverkauf, die Bestechungen wird er zumindest in Ansätzen wahrgenommen haben. Daß seine römischen Eindrücke aber das entscheidende Erlebnis für die spätere Kritik am Papst und an der katholischen Kirche gewesen sein sollen, darf bezweifelt werden. Simonie, Pluralismus und Nepotismus blühten nicht erst seit der Herrschaft des

Borgia-Papstes Alexander VI. Die Dynastien der Rovere, der Borgia und der Medici herrschten mit ihren Familien und Lastern während der gesamten Schicksalszeit der Reformation. Der Sacco di Roma 1527, die schreckliche, ein halbes Jahr andauernde Plünderung Roms durch die spanisch-deutschen Söldner Kaiser Karls V., erschien vielen als Fanal, als Strafe Gottes angesichts der römischen Verkommenheit.

Luther kehrte 1511 wieder zu Fuß nach Wittenberg zurück, mit einem reichlichen Vorrat an Ablässen versehen. Der Weg führte über Padua, den Brenner, über Augsburg bis in das kleine, dörfliche Wittenberg zurück. Sein steiler Aufstieg in der Hierarchie des Augustinerklosters konnte weitergehen.

276 Jahre später reiste Goethe nach Italien. Vergleichbar mit Luther war das heißersehnte Ziel – Rom, vergleichbar vielleicht auch noch die Bedeutung, die diese Reisen für den weiteren Lebensweg beider Protagonisten erlangten. Alles andere war nicht oder kaum vergleichbar, den fast drei Jahrhunderten geschuldet, die dazwischenlagen. Die Reisevorbereitungen verliefen anders, Gepäck und Reisemittel hatten sich verändert. Die Gasthäuser, die Menschen, die Gepflogenheiten allerdings waren wieder ähnlicher.

Goethe will, glaubt man der literarischen Diktion der »Italienischen Reise«, seine heimliche Romreise am 3. September 1786 in höchster Eile begonnen haben. Aus Karlsbad »stahl ich mich« hinweg, er »warf« sich in die Postchaise, im Münchner Antikensaal wollte er »nicht verweilen und Zeit verderben«,

Fortsetzung S. 71

## GOETHE ÜBER DAS REISEN

Jeder denkt doch eigentlich für sein Geld auf der Reise zu genießen. Er erwartet alle die Gegenstände, von denen er so vieles hat reden hören, nicht zu finden, wie der Himmel und die Umstände wollen, sondern so rein, wie sie in seiner Imagination stehen, und fast nichts findet er so, fast nichts kann er so genießen. Hier ist was zerstört, hier was angekleckt, hier stinkts, hier rauchts, hier ist Schmutz etc., so in den Wirtshäusern, mit den Menschen etc. Der Genuß auf einer Reise ist, wenn man ihn rein haben will, ein abstrakter Genuß; ich muß die Unbequemlichkeiten, Widerwärtigkeiten, das, was mit mir nicht stimmt, was ich nicht erwarte, alles muß ich beiseite bringen, in dem Kunstwerk nur den Gedanken des Künstlers, die erste Ausführung, das Leben der ersten Zeit, da das Werk entstand, heraussuchen und es wieder rein in meine Seele bringen, abgeschieden von allem, was die Zeit, der alles unterworfen ist, und der Wechsel der Dinge darauf gewürkt haben. Dann hab ich einen reinen bleibenden Genuß und um dessentwillen bin ich gereist, nicht um des augenblicklichen Wohlseins oder Spaßes willen. Mit der Betrachtung und dem Genuß der Natur ists eben das. Triffts dann aber auch einmal zusammen, daß alles paßt, dann ists ein großes Geschenk, ich habe solche Augenblicke gehabt.

(Italienische Reise, erster Teil)

1. DONNERSTAG

Denn mir scheint nichts nötiger als äußere
sinnliche Anregung, damit ich mich nicht
ins Abstrakte oder wohl gar Absolute verliere.

2. FREITAG

Ein Mensch, der um andrer willen, ohne daß
es seine eigene Leidenschaft, sein eigenes
Bedürfnis ist, sich um Geld oder Ehre oder
sonst etwas abarbeitet, ist immer ein Tor.

3. SAMSTAG

Niemand hat das Recht, einem geistreichen
Manne vorzuschreiben, womit er sich
beschäftigen soll.

4. **SONNTAG | PFINGSTSONNTAG**
Willst du besser sein als wir,
Lieber Freund, so wandre.

5. **MONTAG | PFINGSTMONTAG**
Deshalb ist die Bibel ein ewig wirksames
Buch, weil, solange die Welt steht, niemand
auftreten und sagen wird: Ich begreife es im
Ganzen und verstehe es im Einzelnen. Wir
aber sagen bescheiden: Im Ganzen ist es
ehrwürdig und im Einzelnen anwendbar.

6. **DIENSTAG**
Die Geschichte des Menschen ist sein
Charakter.

7. **MITTWOCH**
Mögt ihr Stück für Stück bewitzeln,
Doch das Ganze zieht euch an.

8. **DONNERSTAG**
Das Gedächtnis mag immer schwinden,
wenn das Urteil im Augenblick nicht
fehlt.

9. **FREITAG**
Was bleibt mir nun, als eingehüllt,
Von holder Lebenskraft erfüllt,
In stiller Gegenwart die Zukunft zu erhoffen!

10. **SAMSTAG**
Ist Gehorsam im Gemüte,
Wird nicht fern die Liebe sein.

11. SONNTAG

Die Menschen begreifen niemals, daß
schöne Stunden, so wie schöne Talente,
müssen im Fluge genossen werden.

12. MONTAG

Der entschließt sich doch gleich,
Den heiß ich brav und kühn!
Er springt in den Teich,
Dem Regen zu entfliehn.

13. DIENSTAG

Innerhalb einer Epoche gibt es keinen
Standpunkt, eine Epoche zu betrachten.

14. MITTWOCH I 189. TODESTAG CARL AUGUSTS

Alles kann der Edle leisten,
Der versteht und rasch ergreift.

15. DONNERSTAG I FRONLEICHNAM

Die Evangelisten mögen sich widersprechen,
wenn sich nur das Evangelium nicht
widerspricht.

16. FREITAG

Fehlst du, laß dichs nicht betrüben:
Denn der Mangel führt zum Lieben;
Kannst dich nicht vom Fehl befrein,
Wirst du andern gern verzeihn.

17. SAMSTAG

Die meisten jungen Leute, die ein Verdienst
in sich fühlen, fordern mehr von sich als
billig. Dazu werden sie aber durch die
gigantische Umgebung gedrängt und genötigt.

### 18. SONNTAG

Zu holen sind gar oft die guten Freunde da,
doch einen, der was bringt, den hab ich
noch zu sehen …

### 19. MONTAG

Sucht ihr das menschliche Ganze! O suchet
es ja nicht beim Ganzen!
Nur in dem schönen Gemüt bildet
das Ganze sich ab.

### 20. DIENSTAG

Die Gelegenheiten sind die wahren Musen,
sie rütteln uns aus Träumereien, und man
muß es ihnen durchaus danken.

### 21. MITTWOCH

Ist das Geschäft vollbracht, kommt Zeit
zum Schmuck.

### 22. DONNERSTAG

Gesotten oder gebraten!
Er ist ans Feuer geraten.

### 23. FREITAG

Das Glück deiner Tage
Wäge nicht mit der Goldwaage.
Wirst du die Krämerwaage nehmen,
So wirst du dich schämen und dich bequemen.

### 24. SAMSTAG

Denn wer sich grün macht,
den fressen die Ziegen.

25. SONNTAG

Der Großmütige gleicht einem Mann, der mit
seinem Abendbrot Fische fütterte, aus
Unachtsamkeit in den Teich fiel und ersoff.

26. MONTAG

Jeder, der in sich fühlt, daß er etwas Gutes
wirken kann, muß ein Plaggeist sein.
… er muß sein wie eine Fliege, die, verscheucht,
den Menschen immer wieder von einer andern
Seite anfällt.

27. DIENSTAG | SIEBENSCHLÄFER

Herr ist, der uns Ruhe schafft.

28. MITTWOCH

Ach, den Lippen entquillt Fülle des Herzens
so leicht!

29. DONNERSTAG

Man kann schon einen nicht, geschweige
denn viele unter einen Hut bringen, denn
jeder setzt ihn sich anders zurecht!

30. FREITAG

Das sind die besten Interessen,
Die Schuldner und Gläubiger vergessen.

Johann Wolfgang von Goethe, Aquarell, Gouache und Feder von Johann
Heinrich Füssli oder Johann Heinrich Lips, um 1788

bis zum Brenner fühlte er sich »gleichsam gezwungen«, vorwärtszuhasten, nach Innsbruck »rasselte« die Kutsche in höchster Eile hinab. Auf Teutschen hetzte er »wie der Schuhu« in nächtlich-halsbrecherischer Fahrt zu, »daß einem oft Hören und Sehen verging« – nebenbei bemerkt: ein Lutherwort. Es freute ihn, so das Tagebuch für Frau von Stein, »daß wie ein Wind hinter mir herblies und mich meinen Wünschen zujagte«.

In Wirklichkeit reiste Goethe planmäßig und nicht hektisch. Der Reiseplan enthielt die fixierten Routen, die Poststationen und Kosten der Aufenthalte. An die verschiedenen Geldsorten war zu denken, an Pässe und Empfehlungsschreiben, an Polizei- und Zollbestimmungen. Passende Kleidung, richtige Koffer und gegebenenfalls Waffen waren zu besorgen, nicht zuletzt ein Testament aufzusetzen. Goethe war bestens auf die Reise vorbereitet: Von Kindheit an mit der italienischen Sprache vertraut, belesen in landeskundlichen Fragen, Johann Jakob Volkmanns Reiseführer, die »Historisch-kritischen Nachrichten von Italien«, in der Tasche, physisch großen Belastungen gewachsen, psychisch auf Widrigkeiten eingestellt, finanziell wohlausgestattet, auf den verläßlichen Diener Philipp Seidel bauend, ohne hinderliches Gepäck, als unbekannter Maler Möller inkognito reisend – alles war jahrelang vorbereitet worden.

Goethes poetisches Bild – im Brief an den Diener Seidel vom 18. September 1786 gebraucht – war völlig zutreffend gewählt: Der reife Apfel sei zur rechten Zeit vom Baume gefallen. Das Gepäck war auch höchst einfach: Mantelsack und Dachsranzen.

Johann Gottfried Seume, Ölgemälde von Gerhard von Kügelgen, 1806/07

Hinsichtlich der Kleidung notierte er im Tagebuch für Charlotte von Stein: »Es macht schon hier niemand mehr die Türen zu, die Fenster stehn immer offen etc. Es hat kein Mensch Stiefeln an, kein Tuch-Rock zu sehn. Ich komme recht wie ein nordischer Bär vom Gebirge. Ich will mir aber den Spaß machen, mich nach und nach in die Landstracht zu kleiden.«

So war die Fahrt nach Italien zwar ganz anders organisiert als bei Luther, aber auch höchst zweckmäßig. Die gleichen Reisemittel standen seit Jahrhunderten zur Verfügung: »Das Fuhrwerk der Vetturine, welches noch sedia, ein Sessel heißt, ist gewiß aus den alten Tragsesseln entstanden, in welchen sich Frauen, ältere und vornehmere Personen von Maultieren tragen ließen. Statt des hintern Maultiers, das man hervor neben die Gabel spannte, setzte man zwei Räder unter, und an keine weitere Verbesserung ward gedacht. Man wird, wie vor Jahrhunderten, noch immer fortgeschaukelt ...«

Die aus Finanznot oder wegen des Armutsgelübdes praktizierte Reise zu Fuß hatte sich zu Goethes Zeiten noch um eine Spielart erweitert: die literarische Reise, wie sie später Johann Gottfried Seume kreierte und vormachte. 1801 erschien sein Werk »Spaziergang nach Syrakus«.

Hinsichtlich der Gasthäuser ist ein Vergleich zwischen Goethes und Luthers Reise wenig aussagefähig: Der Mönch nutzte die Klöster seines Ordens als Herberge, der Dichter sah sich den weitverbreiteten Übeln, was Übernachtungen und Verpflegung anging, ausgesetzt: Überteuerungen, Schmutz und Ungeziefer gehörten zur allgemeinen Reisenot. Goethe ließ sich davon nicht beeinflussen. In Rom verstand er es ausgezeichnet, die Realität nicht an der Imagination zu messen, sondern Zerstörungen, Gerüche, Schmutz und Strapazen wegzudenken und die Imagination neu erstehen zu lassen. Mit der Kon-

Fortsetzung S. 81

**Die Peterskirche in Rom, Kupferstich von Daniel Chodowiecki (Ausschnitt), um 1770**

1. SAMSTAG
   Willst du nichts Unnützes kaufen,
   Mußt du nicht auf den Jahrmarkt laufen.

2. SONNTAG

Um niemand zu schelten, um niemand zu
preisen,
Darf ich euch nur aufs Alte verweisen:
Denn das ist klassisch im echten Sinn,
Was ihr jetzt seid und ich jetzt bin.

3. MONTAG

Es ist äußerst schwer, fremde Meinungen zu
Referieren, besonders wenn sie sich nachbarlich
Annähern, kreuzen und decken.

4. DIENSTAG

Verwirrend ists, wenn man die Menge höret,
Denn jeder will nach eignem Willen schalten …

5. MITTWOCH

Es gibt Menschen, die ihr Gleiches lieben und
aufsuchen, und wieder solche, die ihr Gegenteil
lieben und diesem nachgehen.

6. DONNERSTAG

Immer zu mißtrauen ist ein Irrtum, so wie
immer zu trauen.

7. FREITAG

Es ziemt sich dem Bejahrten, weder in der
Denkweise noch in der Art, sich zu kleiden,
der Mode nachzugehen.

8. SAMSTAG

Was man mündlich ausspricht, muß der
Gegenwart, dem Augenblick gewidmet sein;
was man schreibt, widme man der Ferne,
der Folge.

9. SONNTAG

Wenn man zu Hause den Menschen so vieles
nachsähe, als man auswärts tut, man könnte
einen Himmel um sich verbreiten …

10. MONTAG

In der Natur sei das Unmögliche, daß nichts
Nicht werde: das Leben sei gleich da.

11. DIENSTAG

Gott selbst könne keinen Löwen mit Hörnern
schaffen, weil er nicht die von ihm selbst für
notwendig erkannten Naturgesetze umstoßen
könne.

12. MITTWOCH

Doch ich weiß, daß den Menschen von
zitternder Nerve eine Mücke irren kann und
daß dagegen kein Reden hilft.

13. DONNERSTAG

Im Zimmer wie im hohen Saal
Hört keiner je sich satt:
Denn man erfährt zum ersten Mal,
Warum man Ohren hat.

14. FREITAG

Hättest du Phantasie und Witz und Empfindung
und Urteil,
Wahrlich, dir fehlte nicht viel, Wieland
und Lessing zu sein.

15. SAMSTAG

Jede Lösung eines Problems ist ein neues
Problem.

16. SONNTAG

Es ist traurig anzusehen, wie ein
außerordentlicher Mensch sich gar oft mit
sich selbst, seinen Umständen, seiner Zeit
herumwürgt, ohne auf einen grünen Zweig
zu kommen.

17. MONTAG

Die Menschen lieben die Dämmerung mehr als
den hellen Tag, und eben in der Dämmerung
erscheinen die Gespenster.

18. DIENSTAG

Im Deutschen lügt man, wenn man höflich ist.

19. MITTWOCH

Denn leichter dient sich einem Glücklichen.

20. DONNERSTAG

Ehre, die uns hoch erhebt,
Führt vielleicht aus Maß und Schranken:
Liebe, die im Innern lebt,
Sammelt schwärmende Gedanken.

21. FREITAG

Mit hocherhabnen, hochbeglückten Männern
Gewaltges Ansehn, würdgen Einfluß teilen:
Für edle Seelen reizender Gewinn.

22. SAMSTAG

Der Mensch kommt manchmal, indem er sich
einer Entwicklung seiner Kräfte, Fähigkeiten
und Begriffe nähert, in eine Verlegenheit, aus
der ihm ein guter Freund leicht helfen könnte.

23. SONNTAG

Was ist denn das Erfinden?
Es ist der Abschluß des Gesuchten.

24. MONTAG

Es ist wohl angenehm, sich mit sich selbst
Beschäftigen, wenn es nur so nützlich wäre.
Inwendig lernt kein Mensch sein Innerstes
Erkennen; denn er mißt nach eignem Maß
Sich bald zu klein und leider oft zu groß.

25. DIENSTAG

Dem, der viel erlangen kann, geziemt,
viel zu fordern.

26. MITTWOCH

Ein ordentlicher Bürger, der sich ehrlich
und fleißig nährt, hat überall so viel
Freiheit, als er braucht.

27. DONNERSTAG

Wer sich in die Welt fügt, wird finden,
daß sie sich gern in ihn finden mag. Wer
dieses nicht empfindet oder lernt, wird
nie zu irgend einer Zufriedenheit
gelangen.

28. FREITAG

Man nimmt in der Welt jeden, wofür
er sich gibt; aber er muß sich auch für
etwas geben.

29. SAMSTAG

Glaube nur, du hast viel getan,
Wenn dir Geduld gewöhnest an.

### 30. SONNTAG

Nun schaut der Geist nicht vorwärts,
    nicht zurück;
Die Gegenwart allein
    Ist unser Glück.

### 31. MONTAG

Denn es ziemt des Tags Vollendung
Mit Genießern zu genießen.

zentration auf den Kunstgenuß, das Sehen- und Lernenwollen traten die Widrigkeiten der Reise und des römischen Alltags zurück.

Nicht nur die Dauer des Aufenthalts macht einen Vergleich der beiden Reisenden schwierig, auch das Rom, das sich ihnen bot, war ein völlig anderes. Die barocke Prachtentfaltung im 16. und 17. Jahrhundert hatte das Aussehen, die Silhouette der Stadt völlig verändert. Der Petersdom nach dem Wirken von Bernini z. B. beherrschte das Bild, die Kolonnaden schmückten den Platz vor der Peterskirche, zahlreiche Brunnen waren Anziehungspunkte für die vielen kunstbesessenen Besucher der »Ewigen Stadt«. Was Goethe in knapp zwei Jahren Aufenthalt in Italien zum neugeborenen Künstler werden ließ, hatte Luther nicht interessiert. Anders als bei Goethe blieb Rom der südlichste Punkt seiner Reise.

## DIE WARTBURG – ZUFLUCHTSSTÄTTE FÜR GOETHE WIE FÜR LUTHER

Die Jahre nach der Romreise Luthers waren gekennzeichnet vom weiteren Zerfall des Heiligen Römischen Reichs Deutscher Nation durch fortgesetzte Anarchie. Der junge Kaiser, 1519 durch gekaufte Stimmen gewählt, besaß wenig Autorität. Bereits 1514 kam es zum Bauernaufstand des »Armen Konrad« in Württemberg. Auch geistesgeschichtlich herrschte große Unruhe: Im Kontext des Streits um Johann Reuchlin, der die rückständigen Kölner Dominikanermönche angegriffen hatte, erschienen

Fortsetzung S. 84

## ULRICH VON HUTTENS SOLIDARISIERUNG MIT LUTHER

Und nehmen stets von Teutschen Geld.
Dahin ihre Prattik ist gestellt.
Und finden täglich neuwe Weg,
Daß Geld man in den Kasten leg.
Do kummen Teutschen umb ihr Gut.
Ist niemand den das reuen tut? …
Und daß die Summ ich red darvon,
die Bullen, so von Rom hergohn,
verkehren Sitten weit und breit,
dardurch würd böser Som gespreit.
Dieweil es nun ist so gestalt,
so ist vonnöten mit Gewalt
den Sachen bringen Hilf und Rat,
herwider an der Lugen Statt
die göttlich Wahrheit führen ein.
Die hat gelitten Schmach und Pein,
den falschen Simon treiben aus.
Das halt Sankt Peter wieder Haus.
Ich habs gewagt.

(Ulrich von Hutten, Vadiscus oder die Römische Dreifaltigkeit)

Die berühmte »Thesentür« der Schloßkirche von Wittenberg, Foto, o.J.

1515/17 die »Dunkelmännerbriefe«, satirische Texte in schlechtem Latein, die den Mönchen untergeschoben wurden. Erasmus von Rotterdam ließ das Neue Testament in Griechisch erscheinen. Und Luther studierte die »Theologia Deutsch«, eine deutschsprachige mystische Schrift des 14. Jahrhunderts, die er herausgegeben hatte, um das Deutsche neben dem Lateinischen, Griechischen und Hebräischen bibelfähig zu machen.

Der Ablaßhandel des Mönchs Johannes Tetzel erboste Luther zutiefst, so daß er die kirchlichen Instanzen anrief. Mit dem Anschlag der 95 Thesen gegen diese Entartung kirchlicher Gnadentätigkeit an der Tür der Schloßkirche von Wittenberg am 31. Oktober begann die Reformation. Drei Kampfschriften führten zum endgültigen Bruch mit der Papstkirche: »Von des christlichen Standes Verbesserung«, »Von der Freiheit eines Christenmenschen« und »Von der babylonischen Gefangenschaft der Kirche«. Der danach gegen Luther eingeleitete Prozeß führte zunächst zu verschiedenen Anhörungen – so 1516 vor Kardinal Thomas Cajetan in Augsburg –, dann, als der Beschuldigte weder widerrief noch ansonsten einlenken wollte, zur Ausrufung der Bannbulle.

Damit war der aufrührerische Mönch Martinus in die gefährliche Nähe des Schicksals von Jan Hus geraten. 1521 wurde er dann vom Kaiser vor den Reichstag zu Worms zitiert: Weil Luther wieder nicht widerrief, verhängte der Kaiser die Reichsacht – damit war Luther vogelfrei.

Auf der Rückreise nach Wittenberg, die er am 26. April mit nur kurzem Geleit durch den Reichs-

Martin Luthers Einzug in Worms, Foto nach einem Ölgemälde von
Friedrich Wilhelm Heinrich Martersteig, o. J.

Die Wartburg von Süden, lavierte Kreidezeichnung von
Johann Wolfgang Goethe, 1777

Martin Luther als Junker Jörg, Gemälde von Lucas Cranach d. Ä.,
um 1521/22

herold Kaspar Sturm antrat, wurde Luther von Bewaffneten des sächsischen Kurfürsten Friedrich zum Schein gefangengesetzt und auf die Wartburg bei Eisenach verschleppt. Nur ganz wenige Personen waren in das dramatische Geschehen eingebunden. Der Schloßhauptmann Hans von Berlepsch gehörte dazu. Die Reiter, die sich nach außen so rabiat aufgeführt hatten, lieferten den Mönch bei größter

Fortsetzung S. 92

1. DIENSTAG
   Die Menschen werden durch Gesinnungen
   vereinigt, durch Meinungen getrennt.

2. MITTWOCH
   Der Gedanke läßt sich nicht vom Gedachten,
   der Wille nicht vom Bewegten trennen.

3. DONNERSTAG
   Mir gibt es sehr schnell einen Begriff von
   jeder Gegend, wenn ich bei dem kleinsten
   Wasser forsche, wohin es läuft, zu welcher
   Flußregion es gehört.

4. FREITAG
   Viel Rettungsmittel bietest du! was heißts?
   Die beste Rettung: Gegenwart des Geists!

5. SAMSTAG
   Tiefe Gemüter sind genötigt, in der
   Vergangenheit so wie in der Zukunft
   zu leben.

### 6. SONNTAG

Und doch kann eigentlich niemand aus der Geschichte etwas lernen, denn sie enthält ja nur eine Masse von Torheiten und Schlechtigkeiten.

### 7. MONTAG

Was ist denn aber beim Gespräch,
Das Herz und Geist erfüllet,
Als daß ein echtes Wortgepräg
Von Aug' zu Auge quillet.

### 8. DIENSTAG

Gesunde Menschen sind die, in deren Leibes- und Geistesorganisation jeder Teil eine vita propria hat.

### 9. MITTWOCH

Tut nicht ein braver Mann genug,
Die Kunst, die man ihm übertrug,
Gewissenhaft und pünktlich auszuüben?

### 10. DONNERSTAG

Aber es ist wunderbar: wie sich der Mensch an ruhige Zustände gewöhnt und in denselben verharren mag, so gibt es auch eine Gewöhnung zum Unruhigen …

### 11. FREITAG

Der Glaube an das, was man nicht sieht, ist sehr rar.

### 12. SAMSTAG

Glück macht Mut.

13. SONNTAG

Zu dringen und zu weichen,
Das ist die größte Kunst,
Und so zu überschleichen
Das Glück und seine Gunst.

14. MONTAG

Manches hab ich gefehlt in meinem
Leben, doch keinen
Hab ich belistet.

15. DIENSTAG | MARIÄ HIMMELFAHRT

Bescht die Gönner in der Nähe!
Halb sind sie kalt, halb sind sie roh.

16. MITTWOCH

Ein Greis, der noch arbeiten will, darf
nicht jedem zu Gefallen seinen Willen
umstimmen, tut ers, so wird er der
Nachwelt gar nicht gefallen.

17. DONNERSTAG

Wer Großes will, muß sich zusammenraffen.

18. FREITAG

Das Leben ist so kurz, und das Gute
wirkt so langsam.

19. SAMSTAG

Wer nicht das Mechanische vom Handwerk
kennt, kann nicht urteilen: den Meister kann
niemand und den Gesellen nur der Meister
meistern.

### 20. SONNTAG

Acht in der Haushaltung keinen Ritz zu
Eng, eine Maus geht durch.

### 21. MONTAG

Und so verleugnet ihr das Göttlichste,
Wenn euch des Herzens Winke nichts
bedeuten.

### 22. DIENSTAG

Die Hitze schafft alles Flußartige weg und
treibt, was Schärfe im Körper ist, nach der
Haut, und es ist besser, daß ein Übel jückt,
als daß es reißt und zieht.

### 23. MITTWOCH

Hab ich einem Gegenstand nur die Spitze
des Fingers abgewonnen, so kann ich mir
die ganze Hand durch Hören und Denken
wohl zueignen.

### 24. DONNERSTAG

Das Inkalkulable der Zustände läßt Furcht
und Hoffnung in suspenso, und jedermann
sucht nur über den Augenblick hinzukommen.

### 25. FREITAG | 273. GEBURTSTAG HERDERS

Der Irrtum wiederholt sich immerfort in der
Tat, deswegen muß man das Wahre
unermüdlich in Worten wiederholen.

### 26. SAMSTAG

Der Jugend Kenntnis ist mit Lumpen gefüttert!

27. SONNTAG

Bei großen Begebenheiten, ja selbst in der
äußersten Bedrängnis, kann der Mensch nicht
unterlassen, mit Waffen des Wortes und der
Schrift zu kämpfen.

28. MONTAG | 268. GEBURTSTAG GOETHES

Sollen dich die Dohlen nicht umschrein,
Mußt nicht Knopf auf dem Kirchturm sein.

29. DIENSTAG

Warum sind wir so klug, wenn wir jung sind,
so klug, um immer törichter zu werden!

30. MITTWOCH

Alle Kunst gefällt nur, wenn sie den Charakter
der Leichtigkeit hat. Sie muß wie improvisiert
erscheinen.

31. DONNERSTAG

Der Verständige findet fast alles lächerlich,
der Vernünftige fast nichts.

Das Lutherzimmer auf der Wartburg, Foto, o. J.

Geheimhaltung nun ehrerbietig an der heruntergelassenen Zugbrücke der Wartburg ab. Berlepsch wies dem Flüchtling zwei kleine Kammern zu, die durch eine heraufziehbare Treppe zusätzlich gesichert waren. Er erhielt Befehl, sofort seine Kutte abzulegen, seine Tonsur zu beseitigen und einen Backenbart wachsen zu lassen und – last, but not least – sich als Ritter zu kleiden. Lucas Cranach d. Ä. malte Luther so als »Junker Jörg« und hielt ihn im Holzschnitt fest. Unter diesem Namen wurde er als Gast des Schloßhauptmanns auch der Burgbesatzung präsentiert.

Eine hebräische Bibel und das griechische Neue Testament gehörten zu seinem spärlichen Reisegepäck. Ein Tintenhörnchen zählte zur ärmlichen Ausstattung der beiden Kämmerchen. Das war dem Mönch vertraut, auch die kleinen Butzenfenster, die nur wenig von der romantischen Wildheit und Schönheit der umgebenden Landschaft des Thüringer Waldes preisgaben. Das interessierte jedoch den Mann kaum, der bald mit der Übersetzung der Bibel ins Deutsche begann, seiner größten Tat überhaupt.

Begleitet wurde dieser monatelange Übersetzungskampf Luthers von seinem analogen Kampf gegen den Teufel. Der Wurf mit dem Tintenfaß, mit dem der einsame Theologe den Satan von sich fernhalten wollte, gehört bis heute zur lebendigen Luther-Legende. Deftig und drastisch ist auch das bewährte Hausmittel, das Luther seinen Schülern empfahl: Dem Teufel unversehens den Hintern entgegenzustrecken und Gestank mit Gestank zu begegnen. Die Schüler brachten das treulich zu Papier und überlieferten es in den »Tischgesprächen«. Diese Anekdote gehört freilich zu einer anderen Zeit, als der Doktor schon durch schnelles und übermäßiges Essen und Trinken schwer geworden und in die Breite gegangen war; auf der Wartburg hatte der Junker Jörg noch ein durchaus schlankes Erscheinungsbild.

Hans von Berlepsch tat alles, um seinen gefährdeten Gast zu schützen und seine Anonymität zu wahren, was durchaus nicht einfach war: Denn Luther ließ sich kaum äußeren Zwang auferlegen. Er ging hinunter nach Eisenach, borgte sich bei den Franziskanern Bücher aus, schrieb und empfing ständig Briefe und sandte Manuskripte nach Wittenberg, die er umgehend gedruckt sehen wollte. Der

**Titelblatt der Lutherbibel von 1534**

ihm beigegebene Reitknecht hatte schwierige Situationen mit dem Schutzbefohlenen zu überstehen.

Luther ging es zunächst nicht gut. Die Aufregungen der letzten Wochen und Monate hatten ihm schwer zugesetzt. Er schlief schlecht und war unruhig. Gerade weil er sich aber in dieser Situation befand, begann er, das Neue Testament ins Deutsche zu übersetzen. Das war eine gewaltige, fast übermenschliche Aufgabe. Hilfsmittel waren kaum vorhanden. Luther stand der griechische Urtext zur Verfügung, dazu die lateinische Vulgata, mit der der Mönch großgeworden war, die er vielleicht sogar auswendig konnte. Keine Wörterbücher, keine Kommentare, keine sonstigen Helfer standen zur Verfügung. Trotzdem: In nur zehn Wochen war diese gigantische Arbeit getan, unglaublich fast, denn auch ein geübter Abschreiber hätte diese Zeit benötigt. Zehn Seiten pro Tag waren das schier unglaubliche Arbeitspensum. Von Dämonen und körperlichen Problemen war in dieser Zeit von ihm nichts zu hören, aber die zunehmenden Hiobsbotschaften, die Luther aus dem unruhigen Wittenberg erreichten, bauten Zeitdruck auf: Er wollte den Text einbringen in den Streit und fertig werden.

Ein letzter Schliff am Manuskript gemeinsam mit dem Freund Melanchthon rundete das Werk ab: Im September 1522 erschien »Das Newe Testament Deutzsch, Vuittenberg«, gedruckt bei Melchior Lotter, dem Luther wegen gründlicherer Arbeit den Vorzug vor anderen Druckern eingeräumt hatte. Aus der Werkstatt des befreundeten Lucas Cranach wurden 21 große Holzschnitte beigesteuert, die die Offenba-

VIVA IMAGO PHILIPPI MELAN-
THONIS, ANNO M. D. LVIII. AGENTIS ANNVM
ÆTATIS SEXAGESIMVM PRIMVM.

Philipp Melanchthon, Kupferstich von Lukas Cranach d. J., 1558

rung des Johannes illustrierten. Im Dezember bereits
wurde ein Neudruck nötig.

Es gab schon vor Luther deutsche Bibelversio-
nen, aber entweder waren es teure Prachtbände für
reiche Liebhaber oder noch teurere Bibelhandschrif-
ten. Luthers Bibel wurde die preisgünstigste Laien-
bibel. Hus und Wyclif hatten schon vorher ähnliche
Ziele angestrebt, aber ihnen stand noch kein moder-
nes Druckerwesen zur Verfügung. Und ihnen fehlte

Fortsetzung S. 104

# BEDEUTUNG DER REFORMATION

»Wir wissen nicht«, überliefert Johann Peter Eckermann unter dem 11. März 1832 die weitgefaßten
Gedanken Goethes, »was wir Luthern und der
Reformation im allgemeinen alles zu danken haben.
Wir sind freigeworden von den Formeln geistiger
Borniertheit, wir sind infolge unserer fortwach-
senden Kultur fähig geworden, zur Quelle zurück-
zukehren und das Christentum in seiner Reinheit
zu fassen. Wir haben wieder den Mut, mit festen
Füßen auf Gottes Erde zu stehn und uns in unserer
gottbegabten Menschennatur zu fühlen. Mag die
geistige Kultur nun immer fortschreiten, mögen die
Naturwissenschaften in immer breiterer Ausdeh-
nung und Tiefe wachsen und der menschliche Geist
sich erweitern, wie er will – über die Hoheit und
sittliche Kultur des Christentums, wie es in den
Evangelien schimmert und leuchtet, wird es nicht
hinauskommen!«

## GOETHE ÜBER DIE REFORMATION

Pfaffen und Schulleute quälen unendlich, die Reformation soll durch hunderterlei Schriften verherrlicht werden; Maler und Kupferstecher gewinnen auch was dabei. Ich fürchte nur, durch alle diese Bemühungen kommt die Sache so in's Klare, daß die Figuren ihren poetischen, mythologischen Anstrich verlieren. Denn, unter uns gesagt, ist an der ganzen Sache nichts interessant als Luthers Charakter, und es ist auch das Einzige, was der Menge eigentlich imponiert. Alles übrige ist ein verworrener Quark, wie er uns noch täglich zur Last fällt.

(Goethe an Carl Ludwig von Knebel, 22. August 1817)

1.  FREITAG

    Mit jemand leben oder in jemand leben,
    ist ein großer Unterschied. Es gibt Menschen,
    in denen man leben kann, ohne mit ihnen zu
    leben, und umgekehrt. Beides zu verbinden,
    ist nur der reinsten Liebe und Freundschaft
    möglich.

2.  SAMSTAG

    Leben muß man und lieben; es endet Leben
    und Liebe.
    Schnittest du, Parze, doch nur beiden die
    Fäden zugleich.

**3. SONNTAG**

Fahrt nur fort, nach eurer Weise
Die Welt zu überspinnen!
Ich in meinem lebendigen Kreise
Weiß das Leben zu gewinnen.

**4. MONTAG**

Lebenstätigkeit und Tüchtigkeit ist mit
auslangendem Unterricht weit verträglicher,
als man denkt.

**5. DIENSTAG | 284. GEBURTSTAG WIELANDS**

Das Äußerste liegt der Leidenschaft
zu allernächst …

**6. MITTWOCH**

Welchen Leser ich wünsche? Den unbefangenen,
der mich,
Sich und die Welt vergißt, und in dem Buche
nur lebt.

**7. DONNERSTAG**

Fehlts dir an Geist und Kunst-Gebühr,
Die Liebe weiß schon Rat dafür.

**8. FREITAG | MARIÄ GEBURT**

Und soll mein Lied die besten Männer wecken,
So muß es auch der besten würdig sein.

**9. SAMSTAG**

In einem langen Leben setzen sich Lob und
Tadel, gute Aufnahme und schlechtes Behan-
deln dergestalt ins Gleichgewicht, daß es einer
bestätigten sittlichen Kraft bedarf, um gegen
beide nicht vollkommen gleichgültig zu werden.

10. SONNTAG

Was für Mängel dürfen wir behalten, ja an uns
kultivieren? Solche, die den andern eher
schmeicheln als sie verletzen.

11. MONTAG

Nur durch Mannigfaltigkeit können uns die
Stunden ergötzen.

12. DIENSTAG

Was ich mir gefallen lasse?
Zuschlagen muß die Masse,
Dann ist sie respektabel;
Urteilen gelingt ihr miserabel.

13. MITTWOCH

Da nun den Menschen eigentlich nichts
interessiert als seine Meinung, so sieht
jedermann, der eine Meinung vorträgt,
sich rechts und links nach Hilfsmitteln
um ...

14. DONNERSTAG

Schöne Melodie und Gesang von einem
schlechten Text tut nichts zur Sache.

15. FREITAG

Will man die Menschen ergötzen, ... so
muß man ihnen das zu verleihen suchen,
was sie selten oder nie zu erlangen
im Falle sind.

16. SAMSTAG

Welch ein Geschenk für die Menschheit
ist ein edler Mensch.

## 17. SONNTAG

Ich finde immer mehr, daß man es mit
der Minorität, die stets die gescheitere
ist, halten muß.

## 18. MONTAG

Wer sich behaglich mitzuteilen weiß,
Den wird des Volkes Laune nicht erbittern;
Er wünscht sich einen großen Kreis,
Um ihn gewisser zu erschüttern.

## 19. DIENSTAG

Denn um neuen Most zu bergen,
leert man rasch den alten Schlauch.

## 20. MITTWOCH

Man treibt uns an Beschwerlichkeit, an
Gefahren; aber große Freuden werden
nur mit großer Mühe erworben.

## 21. DONNERSTAG

Wer keinen Namen sich erwarb noch
Edles will,
Gehört den Elementen an.

## 22. FREITAG

Die Natur hat nur eine Schrift, und ich
brauche mich nicht mit so vielen
Kritzeleien herumzuschleppen.

## 23. SAMSTAG

Neumond und geküßter Mund
Sind gleich wieder hell und frisch und gesund.

### 24. SONNTAG

Ordnung, Präzision, Geschwindigkeit sind
Eigenschaften, von denen ich täglich
etwas zu erwerben suche.

### 25. MONTAG

Die Leute wollen immer, ich soll auch Partei
nehmen; nun gut, ich steh auf meiner Seite.

### 26. DIENSTAG I 278. GEBURTSTAG ANNA AMALIAS

Es gibt Pedanten, die zugleich Schelme sind,
und das sind die allerschlimmsten.

### 27. MITTWOCH

Gestern und vorgestern hab ich meine Pflicht
getan, aber was ist Pflicht ohne die Gegenwart
der Liebe.

### 28. DONNERSTAG

Warum plagen wir einer den andern?
Das Leben zerrinnet,
Und es versammelt uns nur einmal
wie heute die Zeit.

### 29. FREITAG

Der Mensch hat wirklich viel zu tun, wenn er
sein eigenes Positive bis ans Ende
durchführen will.

### 30. SAMSTAG

Prüfungen erwarte bis zuletzt.

das Wissen um die Sprache des »gemeinen Volks« auf der Straße. Luther verfügte darüber: »Ich rede nach der sächsischen Kanzlei«, verteidigte er sich gegen entsprechende Vorwürfe und Angriffe. Freilich war es nicht nur die Kanzlei, nach der er schrieb und von der er viele Anregungen aus verschiedenen deutschen Sprachregionen aufnahm. Im Gegenteil richtete er sich grimmig gegen die »Herren Kanzleien und Lumpen-Prediger und Puppen-Schreiber, die sich lassen dünken, sie haben Macht deutsche Sprach zu ändern und richten uns täglich neue Wörter«. Seine Überzeugung, in seinem »Sendbrief vom Dolmetschen« formuliert, lautete: »Man muß nicht die Buchstaben in der lateinischen Sprache fragen, wie man soll deutsch reden, wie diese Esel tun, sondern man muß die Mutter im Hause, die Kinder auf der Gassen, den gemeinen Mann auf dem Markt drum fragen und denselbigen auf das Maul sehen, wie sie reden, und danach dolmetschen. So verstehen sie es dann und merken, daß man deutsch mit ihnen redet.« Luther konnte dolmetschen, er stand im Zenit seiner geistigen Schaffenskraft. Und das Wichtigste: »Es ist gesprochenes Deutsch, kein Buchdeutsch«, faßte Richard Friedenthal in seiner Luther-Biographie von 1967 zusammen. »Er prüft seine Sätze mit dem Ohr, ehe er sie entläßt, nicht mit dem Auge. Der Tonfall war seine größte Stärke, und keine Revision seines Textes hat ihn antasten können [...] Er horchte auch sehr aufmerksam auf den Rhythmus der fremden Sprachen: Das Lateinische war ihm von Jugend her vertraut, das Griechische, so glaubte er, sei seinem Deutschen am nächsten [...] er pries auch die Kraft des Hebräischen und bezeichnete deutlich die Stellen, wo es ihm nicht möglich gewesen sei, den Ursprachen völlig nahezukommen.«

1534 erschien die vollständige Bibel mit Neuem und Altem Testament. Große Revisionen folgten ab 1539 bis an sein Lebensende. Vorsichtige Schätzungen besagen, daß allein Luthers Hauptverleger Hans Lufft, der Lotter ablöste, 100.000 Exemplare auf den Markt brachte. Er wurde neben Cranach einer der drei reichsten Männer Wittenbergs. Luther selbst nahm nie ein Honorar. Insgesamt soll etwa eine Million seiner Bibeln erschienen sein. Sie wurden nicht nur verkauft, sondern immer wieder gelesen. Zeitgenössische Bibeln, die sich erhalten haben, sind fast unweigerlich »zerlesen« – die höchste Auszeichnung, die ein Buch erreichen kann.

Im unsicheren Märzwetter 1522 verließ der geniale Bibelübersetzer und Geächtete die gastfreundliche Wartburg und kehrte in das unruhige Wittenberg zurück.

255 Jahre nach Luther lernte Goethe erstmals die Wartburg bei Eisenach kennen – und er war begeistert. Eisenach war die ehemalige Residenzstadt eines ernestinischen Herzogtums, dessen männliche Linie ausstarb und das deshalb 1741 an die Weimarer Hauptlinie zurückfiel. Mit Goethes Eintritt in den weimarischen Staatsdienst Mitte 1776 bekam er es darum zwangsläufig auch mit dem Eisenacher Landesteil zu tun. Bereits als künftiger Student auf der Reise nach Leipzig hatte er die Stadt im Dezember 1765 nachts durchfahren. Der erste längere Aufent-

## GOETHE ÜBER DIE WARTBURG

Hieroben! Wenn ich Ihnen nur diesen Blick, der
mich nur kostet aufzustehn vom Stuhl, hinüber
segnen könnte. In dem grausen linden Dämmer des
Monds die tiefen Gründe, Wiesgen, Büsche, Wälder
und Waldblößen, die Felsenabgänge davor, und
hinten die Wände, und wie der Schatten des Schloß-
bergs und Schlosses unten alles finster hält und
drüben an den sachten Wänden sich noch anfaßt,
wie die nackten Felsspitzen im Monde röten, und
die lieblichen Auen und Täler ferner hinunter, und
das weite Thüringen hinterwärts im Dämmer sich
dem Himmel mischt. Liebste, ich hab eine rechte
Fröhlichkeit daran. … Wenns möglich ist zu zeich-
nen, wähl ich mir ein beschränkt Eckgen, denn die
Natur ist zu weit herrlich hierauf jeden Blick hinaus!
Aber auch was für Eckgens hier! –

(Goethe an Charlotte von Stein, 13. September 1777)

halt – fünf Wochen – war dienstlicher Natur und fiel in die Monate September/Oktober 1777, als dort die Landstände tagten.

Die äußeren Umstände waren zunächst nicht erfreulich, denn ihn quälte eine schmerzhafte Zahnentzündung, und der ständige, teils unerfreuliche Umgang mit der ihm noch fremden Hof- und Beamtenwelt versetzte ihn in eine zeitweilig gedrückte Stimmung. Zunächst nahm er in der Stadt Quartier, doch auch hier fühlte er sich zunehmend unwohl.

Öfter verkehrte er im Hause des Bürgermeisters Johann Lorenz Streiber, dessen Frau die von Klopstock besungene »Fanny« (Maria Sophia Schmidt) war. Deren Tochter Victoria machte sich eine kurze Zeitlang Hoffnung, Goethes Frau zu werden. Noch öfter war Goethe im Haus des späteren eisenachischen Kanzlers Johann Ludwig von Manckenheim, genannt von Bechtolsheim, anzutreffen, dessen Gattin Juliane – von Wieland als »Psyche« besungen – ihn in ihren Bann zog.

Am 9. September 1777 besichtigte Goethe erstmals die Wartburg. Tags darauf zog er in die Burg um, wo er auf Betreiben des Herzogs Carl August sein Dauerquartier für den restlichen Aufenthalt nahm. Das war gewiß eine kleine Flucht vor der bedrückenden höfischen Beamtenwelt, in der er sich noch steif und hölzern bewegte. Auch Luther weilte im Jahr 1521 als Flüchtling auf der Burg.

Der langsam abklingende Zahnschmerz und die als Befreiung empfundene Natur mündeten bei Goethe in geradezu hymnische Briefe an Charlotte von Stein, in denen er seine beglückende Entdeckung

Die Wartburg von Nordosten, lavierte Graphitzeichnung von
Johann Wolfgang Goethe, 1777

der »überherrlichen« Thüringer Landschaft feierte.
»Hier wohne ich nun, Liebste, und singe Psalmen
dem Herrn, der mich aus Schmerzen und Enge wieder in Höhe und Herrlichkeit gebracht hat. Der Herzog hat mich veranlaßt heraufzuziehen, ich habe mit
den Leuten unten, die ganz gute Leute sein mögen,
nichts gemein ...« Tage später, am 16. September,
berichtete er: »Heute früh war wieder alles neu. Phi-
lip (Seidel) weckte mich und ließ mich ans Fenster
gehen! Es lagen unten alle Täler im gleichen Nebel,
und es war völlig See, wo die vielen Gebürge, als
Ufer, hervorsahen. Darnach hab ich gezeichnet.«

Mit dem hohen Wohnsitz auf der Burg erhob er
sich nicht nur metaphorisch aus der Tiefe des unten

gelegenen Jagd- und Lustschlosses Wilhelmstal, das die höfische Welt repräsentierte, es war auch das befreiende, naturselige Auftauchen aus dem gesellschaftlichen »Mansch«, aus der »Armut des Hoftreibens«. Um so befreiender wirkte die Burg: »Diese Wohnung ist das herrlichste, was ich erlebt habe, so hoch und froh, daß man hier nur Gast sein muß, man würde sonst für Höhe und Fröhlichkeit zunicht werden ... Nachts halb 12. Eben komm ich wieder aus der Stadt herauf, ... Im Mondschein den herrlichsten Stieg auf die Burg! ... So seltsam mirs vor 4 Wochen geklungen hätte, auf der Wartburg zu wohnen, so natürlich ist mirs jetzt, und ich bin schon wieder so zu Hause wie im Nest.« Seine briefliche Bemerkung »Ich wohne auf Luthers Pathmos, und finde mich da so wohl wie er« deutet an, in welchem Vergleich, in welcher Nachfolge er sich sah.

In den Jahren danach weilte Goethe noch öfter auf der Wartburg. Nach einer Übernachtung am 26. Juli 1814 in Eisenach beobachtete er einen »herrlichen Duftmorgen um die Wartburg«. Poetisches Ergebnis dieser Beobachtung war das Gedicht »Im Gegenwärtigen Vergangnes«:

> Ros' und Lilie morgentaulich
> Blüht im Garten meiner Nähe;
> Hinten an, bebuscht und traulich,
> Steigt der Felsen in die Höhe;
> Und mit hohem Wald umzogen,
> Und mit Ritterschloß gekrönet,
> Lenkt sich hin des Gipfels Bogen,
> Bis er sich dem Tal versöhnet.

Von den Minnesängern, die hier ihren sagenhaften Sängerkrieg abhielten, über Luther, Goethe, die Romantiker und die freiheitlichen Studenten zieht sich auf der Wartburg eine Linie, die von der Tradition jahrhundertelanger deutscher Kultur bis in die Gegenwart kündet.

## DAS EHELEBEN LUTHERS UND GOETHES

Wenn Goethe auf den Spuren Luthers nachgegangen werden soll, darf beider Eheschließung und Familienleben nicht ausgeklammert bleiben. Viele Ähnlichkeiten und Parallelen treten beim Betrachten des Lebens von Katharina von Bora und Christiane Vulpius auf, freilich ohne daß dies Goethe bekannt oder bewußt gewesen sein mag.

Luther legte 1524 seine Mönchskutte ab und heiratete mit 42 Jahren. Trotz aller Lebensgefährdungen, trotz Arbeitswut und ungeregelter Lebensführung, trotz aller sonstigen Strapazen, Wut- und Erschöpfungsparoxysmen erreichte er das 62. Jahr – ein hohes Alter zu damaliger Zeit. Goethe heiratete mit 57 Jahren und wurde fast 84 Jahre alt – auch das ein ungewöhnlich hohes Alter.

Katharina von Bora war 24, als sie den Bund fürs Leben schloß; üblich war bei Mädchen damals ein Heiratsalter von 15 oder 16 Jahren. Christiane Vulpius, 1765 geboren, war bei der Trauung gar schon 41 Jahre alt. Fünf Kinder gebar sie, doch bis auf August, den Erstgeborenen, starben alle, vermutlich aufgrund einer Rhesusfaktor-Unverträglichkeit.

Fortsetzung S. 118

1. SONNTAG | ERNTEDANKTAG
   Wer nicht von dreitausend Jahren
   Sich weiß Rechenschaft zu geben,
   Bleib im Dunkeln unerfahren,
   Mag von Tag zu Tage leben.

2. MONTAG
   In der jetzigen Zeit soll niemand schweigen
   oder nachgeben; man muß reden und
   sich rühren, nicht um zu überwinden,
   sondern sich auf seinem Posten zu
   erhalten; ob bei der Majorität oder
   Minorität, ist ganz gleichgültig.

3. DIENSTAG | TAG DER DEUTSCHEN EINHEIT
   Und wenn man auch den Tyrannen ersticht,
   Ist immer noch viel zu verlieren.
   Sie gönnten Cäsarn das Reich nicht
   Und wußtens nicht zu regieren.

4. MITTWOCH
   Es ist ein Fehler bei Fußreisen, daß man
   nicht oft genug rückwärts sieht …

5. DONNERSTAG
   Keine Religion …, die sich auf Furcht
   gründet, wird unter uns geachtet.

6. FREITAG
   Man soll tun, was man kann, einzelne
   Menschen vom Untergang zu retten.

7. SAMSTAG
   Der Rost macht erst die Münze wert.

**8.** SONNTAG

Ein jeder nehme die Richtung, die ihm der
Geist eingibt; aber er wisse wohin, und mit
was für Mitteln er seine Fahrt einrichtet.

**9.** MONTAG

Und so ist es eben recht: der Roman soll
eigentlich das wahre Leben sein, nur
folgerecht, was dem Leben abgeht.

**10.** DIENSTAG

Durch Ruhe und Geradheit geht doch
alles durch.

**11.** MITTWOCH

Von allen Geistern, die verneinen,
Ist mir der Schalk am wenigsten zur Last.

**12.** DONNERSTAG

Was ists denn so großes Leiden?
Geht's nicht, so lassen wir uns scheiden.

**13.** FREITAG

Schelme, Halbschelme sind wie die
doppelfarbigen Mäntel, die man nach
Gefallen umkehren kann, um immer
nach einer Seite zu erscheinen.

**14.** SAMSTAG

Es glaubt der Mensch sein Leben zu
Leiten, sich selbst zu führen, und sein
Innerstes wird unwiderstehlich nach
seinem Schicksale gezogen.

15. SONNTAG

Man darf die Schlacken nicht schonen,
wenn man endlich das Metall heraus
haben will.

16. MONTAG

Gern hören wir allerlei gute Lehr,
Doch Schmähen und Schimpfen noch viel mehr.

17. DIENSTAG

Der Schönheit wie der Neigung Wert
    verliert sich bald,
Allein der Wert des Goldes bleibt.

18. MITTWOCH

Und doch ist es in manchen Fällen notwendig
und freundlich, lieber nichts zu schreiben,
als nicht zu schreiben.

19. DONNERSTAG

Wenn die Menschen bei so viel Verirrung
edel bleiben und gut, so müssen wir uns
schon Herbigkeit und Schroffheit
gefallen lassen.

20. FREITAG

Ich schweige zu vielem still, denn ich mag die
Menschen nicht irre machen und bin wohl
zufrieden, wenn sie sich freuen da, wo ich
mich ärgere.

21. SAMSTAG

Die Hauptsache ist, daß man eine Seele habe,
die das Wahre liebt und die es aufnimmt, wo
sie es findet.

22. **SONNTAG**

Nur wer die Sehnsucht kennt,
Weiß, was ich leide!
Allein und abgetrennt
Von aller Freude,
Seh ich ans Firmament
Nach jeder Seite.

23. **MONTAG**

… denn der Feinste betrügt sich oft,
gerade weil er zu viel sichert.

24. **DIENSTAG**

Mit Liebe nicht, nur mit Respekt
Können wir uns mit dir vereinen.
O Sonne! tätest du deinen Effekt
Ohne zu scheinen.

25. **MITTWOCH**

Weiß denn der Sperling,
wie dem Storch zu Mute sei?

26. **DONNERSTAG**

Diejenigen, welche widersprechen und
streiten, sollten mitunter bedenken, daß
nicht jede Sprache jedem verständlich sei.

27. **FREITAG**

Vor dem Gewitter erhebt sich zum letzten
Male der Staub gewaltsam …

28. **SAMSTAG**

Ängstlich ist es, immer zu suchen, aber viel
ängstlicher, gefunden zu haben und
verlassen zu müssen.

**29.** SONNTAG

Als Poet denk ich immer, daß aufs stranden
sich landen reime – und somit Gott befohlen.

**30.** MONTAG

Das beste ist die tiefe Stille, in der ich gegen
die Welt lebe und wachse und gewinne,
was sie mir mit Feuer und Schwert nicht
nehmen können.

**31** DIENSTAG | REFORMATIONSTAG

Große Talente sind schlecht beraten.

## LUTHER UND GOETHE ÜBER DIE EHE

Wenn ich noch einmal freien sollte, wollte ich mir
ein gehorsam Weib aus einem Stein hauen; sonst
hab ich verzweifelt an aller Weiber Gehorsam.

(Luther)

Ich muß Geduld haben mit dem Papste, ich muß
Geduld haben mit den Schwärmern, ich muß
Geduld haben mit den Scharrhansen (den Junkern),
ich muß Geduld haben mit dem Gesinde, ich muß
Geduld haben mit Katharina von Bora, und der
Geduld ist so viel, daß mein Leben nichts sein will
als Geduld.

(Luther)

Ich wünsche mir eine hübsche Frau,
Die nicht alles nähme gar zu genau,
Doch aber zugleich am besten verstände,
Wie ich mich selbst am besten befände.

(Goethe, Zahme Xenien IV)

Einer von meinen Freunden, dessen gute Laune sich
meist in Vorschlägen zu neuen Gesetzen hervortat,
behauptete: eine jede Ehe solle nur auf fünf Jahre
geschlossen werden. Es sei, sagte er, dies eine schöne, ungrade heilige Zahl und ein solcher Zeitraum
eben hinreichend, um sich kennen zu lernen, einige
Kinder hervorzubringen, sich zu entzweien und,
was das Schönste sei, sich wieder zu versöhnen.

(Goethe, Die Wahlverwandtschaften, I,9)

Wartburgbollwerk, Federzeichnung von Johann Wolfgang Goethe, 1777

Katharina Luther, geb. von Bora, Ölgemälde von
Lucas Cranach d. Ä., 1528

Katharina bekam sechs Kinder. Nach dem frühen
Tod der Schwestern Luthers nahm sie zusätzlich
deren unmündige Kinder auf, so daß 16 Kinder im
Haushalt Luthers für Turbulenzen und Lärm sorg-
ten.

So weit die nüchternen Fakten. Beide Ehen waren hochpolitisch: der entlaufene Mönch und die entlaufene Nonne auf der einen Seite, auf der anderen

Christiane Vulpius, Bleistift- und Kreidezeichnung von
Johann Wolfgang von Goethe, um 1788/89

der mächtige Minister und geniale Dichter und das
arme Blumenbindermädchen, die Tochter eines Säu-
fers! Moralische Entrüstung, Scheinheiligkeit und
spießerhafter Klatsch und Tratsch begleiteten beide
Ehen, bis heute. Studentische Halbkünstler – nicht
einmal Scherzbolde – verfassten sogar pornogra-
phische Schriften. Auch Goethe wurde mit solchem
Schmutz behelligt.

Bereits der Zeitpunkt der Trauungen erregte die Gemüter: Bei Luther rauchten noch die Bauernhütten nach dem blutigen Ende des Bauernkriegs, Goethe heiratete, obwohl sich der Pulverdampf der Schlachten von Jena und Auerstedt noch nicht völlig verzogen hatte. Die Vorwürfe bezüglich der Eheschließung Luthers kamen von Bischofssitzen und vom Papstpalast in Rom, wo es von Mätressen und Bastarden nur so wimmelte, Goethes freie Liebe hatte in den Ehen linker Hand der Fürsten seine Entsprechung. Bei beiden war es eine Protesthandlung – gegen die Kirche bzw. gegen den Adel.

Die Frauen hatten dabei wenig oder nichts zu sagen. Ihre Stellung war noch weitgehend rechtlos. Nach innen aber, im Haus, hatten sie ihre Möglichkeiten, und die nutzten beide – Katharina und Christiane – weidlich. Die Doktorin Katharina stand einem komplizierten Wirtschafts- und Hauswesen vor, dem Luther niemals hätte gerecht werden können: Pension und Herberge, Pachtland, ein kleines Gut, etwa 20 bis 30 Personen als Gäste, Scholaren, Gesinde, eigene und Kinder von Verwandten, eigenes Brauhaus, eigene Viehzucht, Vorratskammer, Keller und Garten – alles spielte sich im ehemaligen Augustinerkloster ab oder wurde von dort geleitet. Völlig ähnlich, wenngleich etwas bescheidener, wirkte Christiane in Weimar.

Katharina von Bora entstammte einem verarmten Adelsgeschlecht im Meißner Land. Schon in jungen Jahren wurde sie deshalb ins Zisterzienserkloster Nimbschen bei Grimma, etwa 30 Kilometer südöstlich von Leipzig, gesteckt. Wenn man das Porträt

Katharinas, das uns Cranach der Ältere überliefert hat, für wahr nimmt, war sie nicht schön zu nennen. Die hohen Backenknochen und die schräg liegenden Augen deuten auf slawische Einflüsse; die Stammdörfer hießen Deutschen-Bora und Wendisch-Bora. Hohe Stirn und lange Nase vervollständigten das Bild der armen Nonne, die sich mit 40 Leidensgenossinnen einer strengen Klausur, eines gesenkten Hauptes und langsamer, kleiner Schritte sowie ständigen Schweigens zu befleißigen hatte. Die Unzufriedenheit überwog wohl, denn neun der Nonnen beschlossen auszubrechen, was keinesfalls ungefährlich war. Auf die Entführung einer Nonne stand die Todesstrafe. Die abenteuerliche Flucht führte zunächst nach Torgau, wo man wenigstens dem unmittelbaren Zugriff des strengen Herzogs Georg von Sachsen entzogen war, dann nach Wittenberg. Die Mädchen wollten heiraten, und es wurden sofort entsprechende Suchen organisiert. Katharina liebäugelte zunächst mit einem vermögenden Nürnberger Patriziersohn namens Baumgärtner, was dessen Vater aber zu unterbinden wußte. Ein weiterer Kandidat, ein Pfarrer aus Orlamünde, gefiel der zielstrebigen Nonne nicht, und so kam es letztendlich zur Verbindung mit Luther. Die langanhaltende Entrüstung über diesen Schritt belegt, daß die Eheschließung als das vielleicht gewichtigste Ereignis im Prozeß der Loslösung von der Papstkirche empfunden wurde.

Goethes Ehe hat bis heute einen literarischen Nachhall gefunden. Er tauchte mit seiner Entscheidung für Christiane in ein bürgerliches Familienleben ein, Luther ebenfalls.

**Fortsetzung S. 129**

## LUTHERS FINANZEN

Ich armer Mann, so halt ich Haus!
Wo ich mein Geld soll geben aus,
Da dürft ichs wohl am sichren Ort,
Und fehlt mirs allweg hier und dort.

(Luther, Gedichte)

1. MITTWOCH I ALLERHEILIGEN
   Es ist nichts furchtbarer anzuschauen als
   grenzenlose Tätigkeit ohne Fundament.

2. DONNERSTAG I ALLERSEELEN
   Den Teufel spürt das Völkchen nie,
   Und wenn er sie beim Kragen hätte.

3. FREITAG
   Töricht, auf Beßrung der Toren zu harren!
   Kinder der Klugheit, o habet die Narren
   Eben zum Narren auch, wie sichs gehort.

4. SAMSTAG
   Ich träumt' und liebte sonnenklar;
   Daß ich lebte, ward ich gewahr.

5. SONNTAG
Dem Tüchtigen ist diese Welt nicht stumm!

6. MONTAG
Das Närrischste ist, daß jeder glaubt, überliefern
zu müssen, was man gewußt zu haben glaubt.

7. DIENSTAG
Eine reinliche und vollends schöne Umgebung
wirkt immer wohltätig auf die Gesellschaft.

8. MITTWOCH
Der Mensch muß bei dem Glauben verharren,
daß das Unbegreifliche begreiflich sei; er würde
sonst nicht forschen.

9. DONNERSTAG
Was ein weiblich Herz erfreue
In der klein- und großen Welt?
Ganz gewiß ist es das Neue,
Dessen Blüte stets gefällt;
Doch viel werter ist die Treue,
Die, auch in der Früchte Zeit,
Noch mit Blüten uns erfreut.

10. FREITAG | 258. GEBURTSTAG SCHILLERS
Denn es ist ganz einerlei,
Wo und wie das Herz empfindet,
Das, empfänglich, heiter, frei,
Sich auch wohl am Stein entzündet.

11. SAMSTAG | MARTINSTAG
Ich glaube, der Mensch träumt nur,
damit er nicht aufhöre zu sehen.

12. SONNTAG

Das Tüchtige, und wenn auch falsch,
Wirkt Tag für Tag, von Haus zu Haus;
Das Tüchtige, wenns wahrhaft ist,
Wirkt über alle Zeiten hinaus.

13. MONTAG

Man tut viel, ohne es zu empfinden,
weil man immer tut, was man nicht will.

14. DIENSTAG

Wie viele Jahre muß man nicht tun, um
nur einigermaßen zu wissen, was und wie
es zu tun sei!

15. MITTWOCH

Man frage nicht, ob man durchaus
übereinstimmt, sondern ob man in einem
Sinne verfährt.

16. DONNERSTAG

Und wenn der Überwundene klug ist,
Gesellt er sich zum Überwinder.

17. FREITAG

Es ist angenehm, auch im Unendlichen
Vorwärts zu kommen.

18. SAMSTAG

Unmöglich ists, drum eben glaubenswert.

**19. SONNTAG | VOLKSTRAUERTAG**

Doch was einer ausführen kann, das darf
er auch unternehmen.

**20. MONTAG**

Ich bin in Staatsgeschäften alt genug
geworden, um zu wissen, wie man einen
verdrängt, ohne ihm seine Bestallung zu
nehmen.

**21. DIENSTAG**

Das Vergangene können wir nicht zurückrufen,
über die Zukunft sind wir eher Meister, wenn
wir klug und gut sind.

**22. MITTWOCH | BUSS- UND BETTAG**

… die Welt ist groß, jeder darf sich auf
seine Weise vergnügen.

**23. DONNERSTAG**

Geduld, Hoffnung, Glaube, Liebe, alle diese
Tugenden sind die Vernunft actu, in Ausübung,
sie sind die ausgeübte Vernunft.

**24. FREITAG**

Süß ist jede Verschwendung. O laß mich der
schönsten genießen!
Wer sich der Liebe vertraut, hält er sein Leben
zu Rat?

**25. SAMSTAG**

Wer einem kalten Herzen warmes Elend
anvertraut, ist ein Tor, wie ein Liebhaber, der
am Bache ins Schilf klagt, das ihn, statt ihn zu
bedauern, auszischt.

26. SONNTAG

Darf man das Volk betrügen?
Ich sage: nein!
Doch willst du sie belügen,
So mach es nur nicht fein.

27. MONTAG

Das Vollkommene, wo es anzutreffen ist, gibt
eine gründliche Befriedigung, wie der Schein
eine oberflächliche, und so bringen beide eine
ähnliche Wirkung hervor.

28. DIENSTAG

Geht es doch unsern Vorsätzen wie unsern
Wünschen. Sie sehen sich gar nicht mehr
ähnlich, wenn sie ausgeführt, wenn sie erfüllt
sind, und wir glauben nichts getan, nichts
erlangt zu haben.

29. MITTWOCH

Es ist nichts groß als das Wahre, und das
kleinste Wahre ist groß.

30. DONNERSTAG

Zum Ergreifen der Wahrheit braucht es ein viel
höheres Organ als zur Verteidigung des
Irrtums.

**Justus Jonas, Gouache nach einem Ölgemälde von
Lucas Cranach d. Ä., o. J.**

Nach der Gepflogenheit jener Zeit trat Luther am Abend des 13. Juni 1525 mit seiner Braut vor einige Freunde und Zeugen. Nach der Einsegnung des Paares wurde vor den Zeugen das Beilager abgehalten. Der Freund Justus Jonas berichtete am Folgetag, daß Luther Katharina von Bora zur Frau genommen habe. »Gestern war ich zugegen und sah das Paar auf dem Brautlager liegen. Ich konnte mich nicht enthalten, bei diesem Schauspiel Tränen zu vergießen.«

Auch Goethes Trauung hatte etwas sehr Emotionales und zugleich Spartanisch-Bürgerliches, so daß sie zu den verschiedensten Interpretationen einlud.

14 Tage später veranstaltete der Reformator mit seinen engsten Freunden ein opulentes Hochzeitsfest, dessen Speisen und Getränke der Bräutigam allerdings mühsam zusammenbetteln mußte. Wildbret wurde aus der kurfürstlichen Küche geliefert, der Magistrat der Stadt stiftete eine Tonne Einbecker Bier, das kräftiger und berauschender war als die sonst in Wittenberg übliche Dünnbierplörre. Die Universität spendierte ihrem Professor einen silbernen Deckelbecher, der später als Pfandobjekt noch öfter gute Dienste leisten sollte. Das sonderbarste Geschenk waren zwanzig Gulden von Erzbischof Albrecht von Mainz, einem der heftigsten, aber auch wankelmütigsten Feinde Luthers. Der liebäugelte gerade mit der Umwandlung seines Erzbistums in ein weltliches Herzogtum, und eine Frau hätte er dann wohl auch genommen. Luther wollte die giftige Gabe des »Nimrod und Giganten von Babylon« nicht annehmen, aber Katharina sah nüchtern den Haushalt und setzte die Gulden stillschweigend für die Küche ein.

Solche langlebigen Anekdoten gab es bei Goethes Eheschließung auch. Allein schon die gemeine Presseattacke in Cottas Zeitung hatte es auch in sich: In einer Zeit, da viele Nieten fielen, habe eine – Christiane – das Hauptlos gezogen, wie ein anonymer Beiträger hämisch kommentierte.

Katharinas Haushalt wuchs und wuchs. Neben den 16 Kindern nahm die Hausfrau zahlreiche studentische Kostgänger auf. Weitere Pensionäre verkehrten in dem gastfreundlichen Haus. Luther hatte kein großes Einkommen. Nach der Hochzeit wurde sein Gehalt auf 100 Gulden jährlich erhöht, später verdoppelt. Er nahm kein Honorar für die Schriften, kein Kolleggeld von den Studenten. Bettler oder Flüchtlinge konnten versichert sein, nicht ohne Gabe von seiner Pforte gehen zu müssen.

Auch Goethe hat gegeben, nicht wenig und fast immer anonym, aber seine Finanzverhältnisse waren auch immer opulent: väterliches Erbe, hohes Gehalt als weimarischer Minister und Buchhonorare.

Katharina konnte mit Geld umgehen, wie schon das Beispiel der 20 Gulden verrät. Christiane konnte es nicht und war immer blank – Goethe mußte häufig nachschießen.

Luther war ein geselliger Mensch: Er liebte das abendliche Gespräch mit Freunden und Besuchern bei Wein oder Bier. Die »Tischgespräche«, vergleichbar den Gesprächen Goethes mit Eckermann, Riemer oder Meyer, wurden später gedruckt und enthalten viele Passagen, wo »die Sauglocke geläutet« oder eine Sau durchs Dorf getrieben wurde. Die Worte der Zeit waren derb und drastisch, Luther ihr Meister.

Kurfürst Johann Friedrich I., der Großmütige, von Sachsen, Ölgemälde
von Johann Peter Krafft, nach Tiziano, 1815

Provinziell ging es im Lutherhaus zu Wittenberg
zu, obwohl doch weltweite Wirkungen hier ihren Ur-
sprung hatten. Von den berühmten Entdeckungen
der Zeit, von Christoph Kolumbus oder Vasco da

Gama, liest man nichts bei Luther. Seine Sicht auf die Nachbarnationen war spießig und voller Vorurteile: Die Franzosen sind sinnlich, die Spanier gewalttätig und noch schlimmer als die Italiener. Seine Äußerungen über Juden sind übelster Natur und kaum mit dem Zeitgeist zu erklären. Freilich werden auch die Deutschen, als Nation noch wenig erkennbar, nicht geschont: Die »trunknen, vollen« Deutschen sind Zielscheibe seines Spottes. Sein Kurfürst machte es vor, und Luther, seine späten Porträts zeigen es, war auch kein Kostverächter.

Die Trinkgewohnheiten im Hause Goethe sind bekannt: Christiane liebte ihren Champagner, der Hausherr vom leichten Würzburger bis zum schweren Portwein alles, was sich über Weinhändler und Freunde akquirieren ließ.

Katharina von Bora, verheiratete Luther, und Christiane Vulpius, verheiratete von Goethe, waren außergewöhnliche Frauenpersönlichkeiten. Im Rahmen ihrer gesellschaftlichen Rollenspiele haben sie an der Seite ihrer bedeutenden Männer gewirkt und deren Werke und persönliche Lebensleistungen erst ermöglicht. Beide Frauen standen fest auf dem Boden des Lebens und hielten ihren Männern den Rücken frei. Beide wußten zuzupacken. Es ist kaum vorstellbar, diese praktischen, komplexen Aufgaben ohne Berufung zu erfüllen: Hauswirtschaft, Geldwesen, Kinder, Kostgänger, Gäste, Wäsche, Guts- und Gartenwirtschaft, Küchenregime, nicht zuletzt die entsagungsreiche, dienstwillige und immer anfallende Arbeit für die Männer, die sich selbst als erste Diener ihres Werks sahen.

1.  FREITAG
    Wer Wein verlangt, der keltre reife Trauben.

2.  SAMSTAG
    Die Welt ist voll Torheit, Dumpfheit,
    Inkonsequenz und Ungerechtigkeit, es gehört
    viel Mut dazu, diesen nicht das Feld zu räumen
    und sich beiseite zu begeben.

**3.** SONNTAG | 1. ADVENT
In weltlichen Dingen sind nur zu betrachten
die Mittel und der Gebrauch.

**4.** MONTAG
Nun kommen die traulichen Winterabende,
da wollen wir zusammen lesen und brav
rezensieren.

**5.** DIENSTAG
Manche sind auf das, was sie wissen, stolz;
gegen das, was sie nicht wissen, hoffärtig.

**6.** MITTWOCH
Wenn du als Mann die Wissenschaft vermehrst,
So kann dein Sohn zu höhrem Ziel gelangen.

**7.** DONNERSTAG
Mäßige körperliche Bewegung, neue
Gegenstände und die alten von einer neuen
Seite, mehr bedarf es nicht zum Wohlbefinden
des Leibes und der Seele.

**8.** FREITAG | MARIÄ EMPFÄNGNIS
Der Körper muß, der Geist will, und wer
seinem Wollen die notwendigste Bahn vorgeschrieben sieht, der braucht sich nicht viel zu
besinnen.

**9.** SAMSTAG
Durch wenig gute Worte lösen sich
beschwerliche Knoten.

### 10. SONNTAG | 2. ADVENT

Es tut mir wohl, doch jetzt in einem Zeitalter
zu leben, wo man gerade das versteht, was
ich haben wollte.

### 11. MONTAG

Man bemerkt, daß strenge Gesetze sich sehr
bald abstumpfen und nach und nach loser
werden, weil die Natur immer ihre Rechte
behauptet.

### 12. DIENSTAG

Der Handelnde ist immer gewissenlos; es hat
niemand Gewissen als der Betrachtende.

### 13. MITTWOCH

Man muß sein Glaubensbekenntnis von Zeit
zu Zeit wiederholen, aussprechen, was man
billigt, was man verdammt; der Gegenteil läßt's
ja auch nicht daran fehlen.

### 14. DONNERSTAG

Die Hoffnung, ein altes Glück wieder herzu-
stellen, flammt immer einmal wieder in dem
Menschen auf …

### 15. FREITAG

So war meine praktische Tendenz zur bildenden
Kunst eigentlich eine falsche, denn ich hatte
keine Naturanlage dazu, und konnte sich also
dergleichen nicht aus mir entwickeln.

### 16. SAMSTAG

Wie man es wendet, und wie man es nimmt,
Alles geschieht, was die Götter bestimmt.

**17. SONNTAG | 3. ADVENT**
Unmöglich ist es, die Gunst der Menge bis zum
Ende zu erhalten.

**18. MONTAG | 214. TODESTAG HERDERS**
Es ist weit eher möglich, sich in den Zustand
eines Gehirns zu versetzen, das im
entschiedensten Irrtum befangen ist, als eines,
das Halbwahrheiten sich vorspiegelt.

**19. DIENSTAG**
Ich dächte, man überließe die Liebhaberei,
Heiraten zu stiften, Personen, die sich lieb
haben.

**20. MITTWOCH**
Die Hindus der Wüste geloben, keine Fische
zu essen.

**21. DONNERSTAG**
Handelt einer mit Honig, er leckt zuweilen die
Finger.

**22. FREITAG**
Der Mensch ist wohl ein seltsames Wesen!
Seitdem ich weiß, wie es mit dem Kaleidoskop
Zugeht ..., interessiert michs nicht mehr.

**23. SAMSTAG**
»Wir quälen uns immerfort
In des Irrtums Banden.«
Wie manches verständliche Wort
Habt ihr mißverstanden.

**24.** SONNTAG | HEILIGER ABEND
Christus hat Recht, uns auf die Kinder zu
weisen, von ihnen kann man leben lernen
und selig werden.

**25.** MONTAG | 1. WEIHNACHTSTAG
Wir sind alle Christen, und Augsburg und
Dortrecht machen so wenig einen wesentlichen
Unterschied der Religion, als Frankreich und
Deutschland in dem Wesen des Menschen.

**26.** DIENSTAG | 2. WEIHNACHTSTAG
Nehmt die ernste Stimmung wahr,
Denn sie kommt so selten.

**27.** MITTWOCH
… wie die Natur uns täglich umarbeitet, so
können wir's auch nicht lassen, das
Getane umzutun.

**28.** DONNERSTAG
Ach, wer ruft nicht so gern
Unwiederbringliches an!

**29.** FREITAG
Alles ist sodann gefunden:
Ich bin dein, und du bist mein,
Und so stehen wir verbunden:
Dürft es doch nicht anders sein!

**30.** SAMSTAG
Es ist auch so viel besser,
wenn man freundlich abrechnet …

### 31. SONNTAG | SILVESTER

Fahre fort im Sündenleben,
Wirst den vier Winden noch Tritte geben.

## GOETHE ÜBER LUTHER UND DIE REFORMATION

Wenn ich mich nun, teils aus Neigung, teils zu dichterischen und anderen Zwecken, mit vaterländischen Altertümern sehr gern beschäftigte und sie mir zu vergegenwärtigen suchte, so ward ich durch die biblischen Studien und durch religiöse Anklänge von Zeit zu Zeit wieder abgelenkt, da ja Luthers Leben und Taten, die in dem sechzehnten Jahrhundert so herrlich hervorglänzen, mich immer wieder zu den heiligen Schriften und zu Betrachtung religiöser Gefühle und Meinungen hinleiten mußten.

(Goethe, Dichtung und Wahrheit, III. Teil, 12. Buch)

Heiliger, lieber Luther,
Du schabtest die Butter
Deinen Kollegen vom Brot!
Das verzeihe dir Gott!

(Goethe, Zahme Xenien, IX)

Lassen Sie uns bedenken, daß wir dies Jahr das Reformationsfest feiern und daß wir unsern Luther nicht höher ehren können, als wenn wir dasjenige, was wir für recht, der Nation und dem Zeitalter ersprießlich halten, mit Ernst und Kraft, und wäre es auch mit einiger Gefahr verknüpft, öffentlich aussprechen, und, wie Sie ganz richtig urgieren, öfters wiederholen.

(Goethe an Johann Friedrich Rochlitz, 1. Juni 1817).

# BILDQUELLENVERZEICHNIS

**Eigentum des Autors:** S. 39

**Klassik Stiftung Weimar:** S. 14, 15, 23, 24, 32, 33, 34, 36, 40, 48, 49, 51, 52, 62, 70, 72, 74, 85, 86, 92, 94, 96, 108, 117, 118, 119, 122, 131

**Wikimedia:** S. 11, 60, 83 (AltaVista)

**Cover:** Bibliographisches Institut, Berlin (Gemälde), Fotolia/Ian Danbury (Foto)

# QUELLENNACHWEIS

**Januar:** 18,756; 5,542; 18,420; 1,515; 3,337; 1,524; 3,586; 1,457; 4,447; 1,425; 9,648; 6,448; 4,562; 5,167; 24,753; 23,773; 9,618; 21,822; 18,515; 9,557; 5,424; 4,246; 4,689; 20,682; 9,615; 8,45; 9,513; 3,410; 9,615; 5,299; 8,434

**Februar:** 22,543; 1,335; 1,182; 2,179; 18,64; 1,555; 6,454; 8,442; 8,42; 24,493; 24,411; 8,337; 1,606; 9,667; 5,161; 9,621; 10,706; 4,792; 2,377; 18,567; 9,617; 2,470; 3,741; 19,68; 9,664; 18,120; 1,530; 1,652

**März:** 5,303; 23,640; 13,312; 1,431; 19,325; 9,249; 6,340; 6,191; 9,176; 5,306; 6,50; 11,294; 9,536; 18,157; 8,54; 5,471; 9,634; 4,243; 5,603; 1,638 f.; 22,593; 6,760; 6,1027; 22,.636; 5,157; 9,677; 4,130; 1,434; 9,532; 5,390; 1,651

**April:** 9,620; 1,651; 9,524; 9,531; 21,862; 21,191; 9,249; 11,226; 5,203; 9,567; 3,243; 22,662; 21,385; 5,353; 7,58; 6,215; 8,189 f.; 8,291 f.; 7,606; 24,447; 1,607; 8,107; 1,430; 9,232; 2,396; 5,207; 4,455; 22,731; 1,665; 5,376

**Mai:** 1,393; 18,732; 19,19; 5,367; 3,335; 8,162; 8,201; 22,598; 4,86; 9,614; 21,1012; 21,824; 1,640; 20,236; 9,19 f.; 23,442; 9,176; 1,632; 7,494; 7,102; 2,395; 1,642; 6,810; 9,589; 1,451; 13,18; 6,196; 11,461; 9,629; 5,549; 5,146 f.

**Juni:** 21,544; 4,418; 11,818; 1,447; 9,534; 7,477; 5,305; 9,509; 1,72; 1,159; 21,175; 1,440; 9,629; 5,292; 10,560; 1,626; 19,682; 4,76; 2,504; 23,122; 6,812; 1,422; 1,426; 2,160; 4,603; 6,865; 5,468; 1,181; 22,458; 1,643

**Juli:** 1,425; 2,397; 16,248; 1,679; 9,529; 6,874; 9,626; 9,616; 21,95; 22,496; 23,682; 18,410; 2,278; 2,444; 23,129; 9,507; 6,605; 5,356; 6,814; 2,290; 6,330; 7,193; 9,644; 6,249; 13,297; 6,36; 21,919 f.; 9,174; 1,419; 5,438; 3,296

**August:** 19,688; 4,988; 11,10; 1,424; 10,304; 23,370; 1,559; 17,714; 5,175; 12,358 f.; 18,548; 4,727; 6,457; 2,544; 5,145; 23,566; 3,623; 6,753; 22,318; Erg.Bd. 2,52; 6,341; 11,402; 11,238; 19,486; 9,530; 22,600; 11,633; 1,648; 7,271; 22,755; 9,162

**September:** 9,612; 1,259; 1,608; 8,268; 9,117; 18,124; 1,550; 6,290; 14,357; 9,500; 19,233; 1,433; 9,571; 22,749; 8,80; 18,664; 23,532; 5,144; 5,460; 18,141; 5,457; 8,40; 1,420; 18,496; 23,761; 9,573; 18,552; 2,463; 21,686; 21,949

**Oktober:** 3,332; 9,514; 1,637; 12,204; 8,171; 18,524; 5,401; 19,497; 14,319; Erg.Bd. 2,70; 5,152; 1,446; 22,490; 6,98; 20,933; 1,641; 6,1130; 9,16; 22,843; 9,564; 24,301; 1,343; 8,84 f.; 21,1018; 9,620; 9,615; 9,507; 7,610; 21,1001 f.; Erg.Bd. 2,103; 2,414

**November:** 9,617; 5,208; 1,92; 1,431; 5,505; 9,575; 14,740; 9,573; 1,29; 2,285; 9,152; 1,623; 21,247; 9,617; 9,616; 2,407; 11,583; 5,345; 23,514; 6,52; 18,581; 23,40; 22,613; 1,203; 18,75; 1,461; 20,760; 7,527; 19,83; 9,653

**Dezember:** 5,304; 18,606; 9,666; 22,358; 9,621; 5,176; 21,388; 21,950; 19,150; 22,359; 8,437; 9,522; 9,514; 9,253; 24,153; 6,448; 15,1037; 9,506; 7,594; 9,512; 3,93; 23,35; 1,642; 18,615; 4,131; 1,89; 21,476; 1,197; 5,448; 19,136; 2,389

Die Goethe-Texte dieses Almanachs werden unter Angabe von Band- und Seitenzahl nach der Gedenkausgabe der Werke, Briefe und Gespräche zitiert, herausgegeben von Ernst Beutler, Zürich und Stuttgart, Artemis Verlag 1950 bis 1971, sowie nach der Jubiläumsausgabe der Werke Goethes, Stuttgart und Berlin 1902–1912 (JA) schließlich nach:
Goethes Werke. Hrsg. im Auftrage der Großherzogin Sophie von Sachsen. Weimar: Hermann Böhlaus Nachfolger 1887–1919 (Weimarer Ausgabe). Abt. I: Poetische Werke und Schriften; Abt. II: Naturwissenschaftliche Schriften; Abt. III: Tagebücher; Abt. IV: Briefe (WA).

# INHALT

LUTHERS SPRACHE BEI GOETHE 10

LUTHERS UND GOETHES HERKUNFT 22

ERFURT: STUDIENORT LUTHERS – BEGINN
DER POLITISCHEN LAUFBAHN GOETHES 35

ROM: LUTHERS PILGERFAHRT UND
GOETHES KÜNSTLERREISE 58

DIE WARTBURG – ZUFLUCHTSSTÄTTE
FÜR GOETHE WIE FÜR LUTHER 81

DAS EHELEBEN LUTHERS UND GOETHES 110

BILDQUELLENVERZEICHNIS 141

QUELLENNACHWEIS 142